KB108257

고은별의 인터뷰

만나고 싶은 사람

＊ 고은별의 인터뷰 ＊

만나고 싶은 사람

JJbooks

저자의 말

어릴 때부터 훌륭한 분들을 보면 존경하는 마음이 들었습니다. "저분들은 어떻게 살았기에 저토록 훌륭하실까?" 하는 생각에 직접 만나 이야기를 들어 보고 싶었습니다. 인터뷰 기자가 되어 사회 저명인사들에게 전화를 걸어 만나고 싶다고 했을 때 한 분도 거절하지 않고 귀한 시간을 내어 저를 만나 주셨습니다. 지금 생각해 보면 신기하고 놀랍고 감사하기만 합니다. 아마도 수화기를 통해 전해지는 제 목소리를 듣고 그분들이 저에 대한 어떤 믿음을 가져 주신 것이 아닐까 생각하며 신뢰할 수 있는 목소리를 주신 어머니께 한없는 사랑과 감사와 존경을 드립니다.

고은별의 인터뷰 〈만나고 싶은 사람〉은 제가 인터뷰 기자로 활동하면서 사회 각 분야의 여러 사람들을 만나 이야기를 나누고 글로 쓴 것을 모은 인터뷰 모음집입니다. 인터뷰는 제가 만나고 싶은 사람에게 직접 연락하고 만나서 이야기를 나누며 자연스럽게 이루어졌습니다. 시인, 작가, 화가, 배우, 감독, 연출가, 도예가, 외교관 등 많은 분을 만났고 이분들에게 궁금한 것을 묻고 대답을 들으면서 이야기를 이어 갔습니다. 이분들의 진솔한 삶의 이야기는 제게 큰 감동을 주었고 의미 있는 대화를 통해 저는 새로운 사실을 알게 되었고 어느 순간 깨달음을 얻기도 하였습니다. 덕분에 제 마음이 풍요로워졌고 삶에 지혜를 더할 수 있었습니다.

인터뷰를 요청했을 때 기꺼이 응해 주신 모든 분들께 마음으로부터 깊이 감사 드리며, 고인이 되신 장민호 님, 안병욱 님, 황병기 님, 오순택 님을 추모하며 하늘나라에서 영원한 안식을 누리시길 두 손 모아 기도 드립니다.

　인터뷰하면서 제가 느꼈던 신선한 감동을 독자 여러분도 함께 느끼신다면 마음이 기쁘고 보람 또한 크겠습니다.

대단히 감사합니다.

2018년 3월

고은별

목차

——

인터뷰 시기순

페페 로메로

줄리안 브림, 존 윌리암스와 더불어 '세계 3대 기타리스트'로 손꼽히는 페페 로메로는 기타계의 왕족이라 불리는 스페인의 로메로 일가(Los Romeros)의 둘째 아들로 태어난 세계적인 연주가이다. 다양한 음악과 색채로, 뛰어난 예술적 테크닉으로 전 세계 음악 팬들을 매혹시켜 온 '페페 로메로'가 예술의 전당 콘서트홀에서 솔로 공연을 성공리에 마치고 인터뷰에 응했다.

고은별 바쁘신 일정 중에도 귀한 시간을 내서 이렇게 인터뷰에 응해 주셔서 감사합니다. 서울에서는 몇 번이나 콘서트를 가지셨는지요?

페페 로메로 내 기억으로는 7번이나 10번 정도가 아니었나 생각합니다. 서울 공연 중에 여러 다른 형태로 연주를 했는데 가족들과 함께 한 콘서트도 있었고, 아버지가 살아계실 때 함께 연주한 적도 있었고 형제들, 조카들과도 함께 연주하기도 했습니다. 독주회도 있었고 오케스트라와 협연한 적도 있습니다. 한국에서의 공연은 제게 큰 기쁨을 주었고 한국에 오는 것을 무척 좋아합니다.

한국 사람들에 대해서 어떻게 생각하시는지요?

나는 한국 사람들이 무척 로맨틱하다고 생각합니다. 매우 섬세하며 부끄러움을 많이 타지만 때로 매우 솔직한 면도 있는데 어떤 것을 좋아하고 싫어하는 것에 대한 감정 표현은 솔직한 것 같습니다. 한국 사람들은 음악을 사랑합니다. 음악을 사랑하는 사람은 하느님께 보다 가까이 있다고 생각합니다.

7살의 어린 나이에 첫 콘서트를 가졌고 공식적인 연주 활동을 시작하셨는데 첫 콘서트에 대한 기억을 말씀해 주시겠습니까?

나의 첫 콘서트는 아버지와 함께 한 공연이었습니다. 어렸을 적에 보았던 기타를 연주하시는 아버지에 대한 기억들은 내 인생의 보물과도 같습니다. 내 마음속에 소중하게 간직하고 있습니다. 아버지에게서 기타를 배운 나는 아버지처럼 훌륭한 연주를 하고 싶었습니다. 내가 들어본 그 어떤 기타리스트들의 연주보다 아버지의 연주는 아름다웠습니다. 아버지는 정말 훌륭한 연주자였으며 또한 훌륭한 아버지였습니다.

페페 로메로가 아버지에게서 느꼈던 감정은 어떤 것이었나요? 아버지의 존재가 어떤 의미로 남아 있습니까?

나에게 아버지는 사랑을 의미합니다. 지혜, 우정, 음악이며 바로 기타입니다.

호아퀸 로드리고(영화 배경음악으로 유명한 '아랑훼즈 협주곡'을 만든 스페인 작곡가. 민족 악기 기타와 스페인 음악을 세계적인 음악으로 만든 주인공)와의 특별한 관계에 대해 말씀해 주시겠습니까?

그분은 저희 가족과 아주 친하게 지낸 분입니다. 기타 콘체르토 작품들을 제게 만들어 주셨지요. 내게는 영광스러운 일이었습니다. 로드리고 선생님의 집에서 머물면서 같이 지내기도 했고 그분께서 아내와 함께 아버지 집에 오셔서 머물기도 하셨습니다. 우리는 한 가족과 같았지요. 나에게 아버지와도 같은 존재였습니다.

호아퀸 로드리고는 시각 장애가 있는 분이셨지요?

네, 그렇습니다. 의자에 앉으셔서 머릿속에서 떠오르는 악상들을 불러 주었습니다. 모든 악보를 다 그렇게 완성하셨지요. 특히 그분 아내가 많은 일을 도와 주었습니다. 예를 들면 "피콜로" 하고 불러 주면 악보를 받아 적는 사람이 피콜로 파트를 받아 적고 "퍼스트 플루트" 하면 퍼스트 플루트 파트를 받아 적는 형식으로 악보 만드는 작업을 했습니다. 마음으로 작곡하셨고 완벽하게 악보를 머릿속에 그리고 계셨지요. 위대한 천재입니다. 훌륭한 작곡가이며 인간적으로도 훌륭한 분입니다. 겸손하고 다정하시며 친절하셨고 마음속에 사랑이 가득 찬 분이셨습니다.

교황님과 스페인의 소피아 왕비 앞에서 연주하신 모습의 사진을 본 적이 있습니다. 그분들 앞에서 연주하실 때의 느낌이 어떠했는지요?

요한 바오로 2세 교황님은 정말 특별한 분이십니다. 그분 앞에 서면 그분이 경외스럽고 훌륭한 분이라는 것을 느낄 수 있습니다. 그분은 기타를 사랑합니다. 교황님께서도 어렸을 때 기타를 치곤 하셨답니다. 내게는 정말 멋진 경험이었지요. 나는 항상 하느님을 위해 연주합니다. 내가 하느님을 위해 연주한다면 그것은 바로 교황님을 위해 연주하는 것과 같다고 말할 수 있겠지요? (페페 로메로의 유머 감각이 느껴졌으며 경쾌한 웃음소리가 음악처럼 흘렀다.)

소피아 왕비에 대한 기억은 어떻습니까?

대단히 훌륭하고 아름다운 분이십니다. 음악을 무척 사랑하시지요. 여왕님의 특별한 요청으로 그분 앞에서 공연을 많이 했습니다. 여왕님 앞에서 연주하는 것은 내게 큰 즐거움입니다.

어떻게 하면 한국의 대표적인 기타 연주자들이 당신처럼 세계적으로 알려지고 훌륭한 연주를 할 수 있는 기타리스트가 될 수 있겠습니까?

한국 사람들은 기타를 연주하는 데 아주 특별한 재능을 가졌다고 생각합니다. 손을 보면 크지는 않은데 움직임이 매우 빠릅니다. 한국의 기타리스트들은 대단히 섬세하고 정확합니다. 한국에서 기타가 계속적으로 더욱 발전하리라 생각하며 제가 들어본 젊은 학생들의 연주에서 가능성을 찾아볼 수 있었습니다.

기타를 보여 주실 수 있으신지요?

(자리에서 일어나 탁자 위에 놓인 기타 케이스 안에서 기타를 꺼내 들고 왔다.)

연주하신 기타는 누가 만들었습니까?

아들이 만들었습니다.

'페페 로메로'라고 적혀 있네요.

아들 이름도 나와 같은 페페 로메로입니다.

'라 보리나'라는 글씨가 보이는데 무슨 뜻입니까?

스페인의 유명한 플라멩코 가수입니다. 아들이 플라멩코 음악을 무척 좋아하는데 이 기타를 만들 때도 그 음악을 들으며 만들었습니다.

"나에게 사랑과 영적인 감동을 주시는 아버지께 이 기타를 바칩니다. 아버지의 내면에 흐르는 깊은 감정이 이 기타의 목소리를 통해 표현되어지기를 바랍니다."라고 직접 친필로 써 놓았네요.

나는 이 기타를 매우 사랑합니다.

꿈이 있다면 말씀해 주시겠어요?

나의 아주 특별한 소망은 평화입니다. 세계의 모든 사람이 서로 이해하며 싸우지 않고 형제애적 사랑을 나누는 것입니다. 우리 함께 세계 평화를 위해 기도합시다. 뮤쵸스 그라시아스!

스페인의 클래식 기타리스트, 2003년 2월

루이스 페르난도 아발로스 히메네스

고은별 파라과이가 어떤 나라인지 소개해 주시겠습니까?

루이스 페르난도 아발로스 히메네스 파라과이는 중남미 중앙에 위치해 있으며 인구 560만의 가톨릭 국가입니다. 서울에서 파라과이까지는 비행기로 30시간 정도 걸립니다. 메스티조(인디오들과 에스파니아 사람들 간에 태어난 사람들)와 인디오(약 10만 명 - 고립되어 살고 있으며 부족의 왕도 있는 전통 인디오족)들이 있습니다. 인디오들이 고립된 생활을 하고 인구수도 점점 줄어들면서 파라과이 사람들의 모습이 유럽 사람들에 가깝게 변하고 있습니다. 사람들의 성격은 개방적이고 따뜻합니다. 파라과이에도 한국 이민자들이 있는데 그들이 파라과이에 정착해서 살게 된 것은 30년 전입니다. 이민자들을 통해서 한국과의 관계가 돈독하게 되었고 우정을 쌓아 가고 있습니다. 파라과이의 수도인 아순시온에 많이 모여 사는데 한국 제품을 판매하는 일을 주로 하며 약 6천-8천 명 정도로 추정됩니다.

한국 사람들에 대한 인상은 어떻습니까?

한국 사람들은 일을 열심히 하고 책임감이 강하며 경제에 대한 관념도 강하고 세계 여러 나라에 한국 문화를 알리기 위해 많은 노력을 하고 있다고 생각합니다. 한국은 배울 것이 많은 나라입니다.

파라과이 사람들은 어떻습니까?

파라과이 사람들은 전통음악에 대한 애정이 깊습니다.
저의 경우를 보더라고 11년 동안 외교관 생활을 하고 있는데 음식이나 다른 것은 바뀔 수가 있어도 음악에 대한 것은 바뀌지 않을 것 같습니다. 시간이 지날수록 파라과이 음악에 대해서 더욱 애정을 갖게 됩니다. 늘 파라과이 전통음악을 틀어 놓고 듣습니다. 유럽에서 선교사들이 파라과이에 도착하면서 유럽 악기인 기타와 하프를 받아들였는데 파라과이 사람들은 파라과이 하프를 만들었습니다. 한국 사람들도 파라과이 사람들처럼 음악에 대한 열정을 가지고 있는 것 같습니다. 파라과이와 한국이 음악을 통해 서로 교류하여 더욱 친밀한 관계를 이루어 나가기를 바랍니다.

한국 파라과이 기타 협회가 발족된 것으로 알고 있는데요.

파라과이의 기타리스트 펠리페 소사가 서울과 대구, 부산에서 공연을 하게 됩니다. 한국의 기타 연주자들과 파라과이에서 온 연주자가 함께 공연합니다. 아우구스틴 바리오스(별칭-망고레)의 곡들을 연주할 예정입니다. 서울, 대구, 부산, 분당에서 바리오스

마스터 클래스도 개최할 예정입니다. 펠리페 소사는 파라과이 국립 음악 학교에서 학생들에게 기타를 가르치고 있습니다.

파라과이적인 독특한 음악 양식이 형성되었다고 하셨는데 기타 음악에서 어떻게 나타나고 있는지요?

파라과이 음악은 심플합니다. 직선적이고 감정을 숨기지 않고 표현합니다. 파라과이 연주자들이 망고레의 곡을 연주할 때와 외국의 연주자들이 망고레의 곡을 연주할 때 차이가 있습니다만 저는 망고레의 기타 곡을 연주하는 모든 기타리스트 연주를 즐깁니다. 19세기 보헤미아 사람들의 전통음악인 폴카를 파라과이 사람들이 받아들여서 파라과이적인 독특한 폴카를 형성했습니다. 이것을 폴카 파라과이언(파라과이 폴카)이라고 말합니다. 폴카 음악에서 시작되었지만 폴카 파라과이언의 리듬 멜로디 하모니는 전혀 다릅니다. 망고레가 작곡한 기타 곡 중에 파라과이 폴카 리듬을 사용한 곡들이 있는데 들어보시면 그 차이를 느낄 수 있을 것입니다.

파라과이의 특산품은 어떤 것들이 있습니까?

마떼 차(Tea)가 있습니다. 파라과이 사람들이 커피처럼 즐겨 마시는 차입니다. 유기농 설탕도 있습니다.

한국에 오시기 전에는 어떤 일을 하셨습니까?

파라과이에서 변호사로 일하다가 외교관이 되었고 칠레에서 외교관 생활을 했습니다. 프랑스에서도 외교관으로 일했고 파라과이에 돌아가서는 통상외교부에서 일을 했습니다. 대사로서의 활동은 한국에서 처음 시작하였습니다.

가족에 대해서 말씀해 주시겠습니까?

아내(아디나)와 아이들(마르코스 14살, 딸 아스트리드 11살, 세바스티안 9살)이 있습니다. 한국 생활에 만족하고 있습니다.

한국에서 이루고 싶은 일이 있다면... .

외교통상부에서 일을 할 때 아시아 지역으로 파견되어 일하고 싶었는데 지금 한국에서 파라과이 대사로 일을 하고 있어서 제 꿈을 이룬 셈입니다. 이곳에서 하고 싶은 일은 파라과이와 한국 간의 무역이 활발하게 이루어지고 망고레 음악을 통해 파라과이와 한국이 교류하여 문화적으로 서로 발전해 나가도록 돕는 것입니다.

주한 파라과이 대사, 2003년 3월

윤선주

고은별 작품을 끝내고 나서의 소감은?

윤선주 아직 끝난 것 같지 않아요. 끝난 것 같지 않고 다음 대본을 써야 될 것 같아요.

이번 작품이 몇 번째인가요?

장편으로는 세 번째입니다.

첫인상이 여리고 소녀 같고 감성이 풍부한 분 같아서 대하드라마를 집필하는 작가라고는 느껴지지 않아요. 역사 드라마라는 것에 부담을 느끼지는 않았나요?

드라마는 사람을 이야기하는 것이니까 대하드라마라 할지라도 마찬가지예요.

이순신이라는 인물이 너무나 거룩하고 감히 접근할 수 없는 성역에 있는 분이라고 생각해 왔어요. 그런 분의 이야기를 드라마 속으로 가져와서 평범한 인간으로 묘사한 부분이 있습니다.

타고난 영웅은 없다는 것이 내 가치관입니다. 본인의 노력에 의해 만들어지는 것이지요. 자신과의 싸움을 통해 하나하나 완성해 나가는 것입니다. '자기에게 엄격할 수 있는 자 누구나 영웅이 될 수 있다.'는 것이 제 신념입니다. 이순신이라는 드라마는 영웅의 드라마가 아니라 '리더의 드라마'입니다. 우리는 정말 이순신 같은 지도자를 원합니다. 이순신도 처음에는 호기심 많고 겁 많은 아이였다가 꿈 많은 청년이었다가 사회의 거친 현실, 세파와 타협할 것인가 싸울 것인가를 고민하는 장년이었다가 결국 원칙을 고수하는 어른다운 어른으로 성장한 인물이 아니었습니까? 영웅은 그런 사람입니다. 자신과 싸울 수 있다면 그는 영웅입니다.

어떻게 드라마 작가가 되셨나요?

국문학을 하다가 소설을 썼는데 우연한 기회에 드라마 대본을 쓰게 되었지요.

드라마 작가로 들어서게 된 특별한 계기가 있었나요?

특별한 계기는 없었어요. 글은 다 같다고 생각했습니다. 극으로 한번 말하고 싶어서 시도를 했지요. 중간에 힘든 때도 있었습니다. 자신과 싸우는 것이지요. 이순신처럼.

대하 역사드라마는 주로 남성 작가들의 영역으로만 여겨져 오지 않았나요?

사실 여성과 남성이 할 수 있는 영역이 크게 구분되지는 않는다고 생각합니다. 드라마는 결국 인간을 이야기하는 것인데 보편은 다 있고 그 보편에만 다가가면 누구나 진실을 말할 수 있다고 생각합니다.

'이순신은 평범한 인물이었다. 굳이 어려운 길을 선택한 것 외에 다른 것이 없다. 그러나 그가 원칙이기 때문에 어려운 길이라도 그 길을 선택했을 때 위인이 될 수 있었다.' 이것이 저의 생각이었습니다. 비록 역사에 기록이 남지는 못했더라고 본인이 원칙이라고 믿고 올바르다고 믿고 신념을 가지고 일을 한 그 모든 사람은 다 영웅이라고 생각해요. 우리 드라마는 이순신의 드라마가 아니라 '이순신과 그의 사람들의 드라마'입니다. 모든 캐릭터가 자식같이 느껴졌습니다.

대사 중에 명대사들이 많았습니다.

자라나는 많은 아이가 이순신처럼 훌륭한 장군이 되고 싶어하는데 제 아이는 〈태양인 이제마〉를 더 좋아했어요. 사람을 죽이는 직업보다 사람을 살리는 일을 좋아한다고 하면서요.

처음에 작업을 시작하실 때 어려움은 없었나요?

많았어요. 매일매일 모든 시간을 바쳐서 준비했지요. 내가 사랑했던 리더들의 이야기를 많이 읽었고 이순신에 관계되는 책뿐만 아니라 여러 책을 많이 읽었고 취재도 하고 퇴역군인들을 많이 만났어요. 이번 드라마를 준비하는 과정에서 제가 사랑했던 리더들의 이야기를 많이 읽으면서 일치시켜 보려고 노력했던 것 같아요.

작가가 생각하고 있는 현대에 가장 적합한 리더의 모습은?

잘 듣고 과단성이 있고 본인이 원칙이라고 생각했을 때 밀고 나갈 수 있는 사람이죠. 인간에 대한 사랑이 기본인 것 같아요. 사람을 믿는 사람, 내가 아니면 안 된다가 아니라 너도 할 수 있다고 격려할 수 있는 사람. 그 사람으로 하여금 자기 가치를 100% 발휘할 수 있도록 도와주는 사람. 불멸의 이순신 팀의 불멸의 리더는 이성주 감독이라고 생각해요. 정서적으로도 풍부하고 인간에 대해서 따뜻한 감정을 가진 훌륭한 연출가라고 생각합니다. 나를 많이 이끌어 준 리더이기도 합니다.

드라마 작가, 2005년 8월

이성주

고은별 '성웅 이순신'을 드라마로 만들려고 했던 어떤 특별한 이유가 있었습니까?

이성주 제가 알고 있는 이순신 장군은 성웅이고 역사 속에 책 속에 존재하는 거룩한 분이기에, 우리가 살고 있는 이 세상으로 끌어내려 이야기할 수 있는 인물이라고는 생각하지 않았습니다. 왜 이순신이어야 했는가? 연출로서 무엇을 할 것인가? 의미 있는 어떤 것을 보여 주고 싶었습니다. 내 마음속에 와닿을 수 있는 것을... . 대하드라마이고 무엇을 할 것인가를 생각했고 이 시대에 무엇이 필요하고 무엇을 이야기할 것인가를 고민했습니다. 이순신은 나의 최선의 선택이었습니다. 많은 연출가가 이순신 장군을 드라마로 만들고 싶어했지만 여건이 맞지 않았습니다. 그만한 제작비도 있어야 하고 테크놀로지도 발달해야 하고… . 지금쯤이면 가능하지 않을까 생각했고 그 예감이 틀리지 않았습니다. 무엇을 할 것인가가 결정된 후에는 어떻게 할 것인가를 연구했습니다. 대본 작업이 중요했고 기존의 사극을 많이 썼던 작가보다는 새로운 작가를 원했습니다. 나도 이번 작품이 사극으로는 처음입니다.

캐스팅은 직접 하셨나요?

그렇습니다. 배우를 선택하는데 몇 가지 원칙을 가지고 있었습니다. 이 드라마에만 전념할 수 있는 배우가 필요했습니다.

대중에게 알려지지 않은 배우를 이순신 역에 배정한 특별한 이유가 있었나요?

이름 있는 배우는 쓰기 싫었습니다. 열정을 가지고 열심히 할 사람을 쓰고 싶었지요. '김명민'이라는 배우를 만났고 결과적으로 그 선택이 옳았습니다.

배우에 대한 확신은 있었나요?

확신은 어느 누구도 가질 수 없었습니다. 의미 있는 드라마를 연출한다는 것 때문에 시청률에서 벗어나 자유롭게 작품에 임할 수 있었습니다. 제작진들, 모든 배우, 스태프들이 이 작품 하나에 모든 것을 바쳐 헌신했다고 자부합니다. 작품을 준비하는 과정은 끝없는 선택의 연속이었고 후회 없는 선택을 하려고 노력했습니다.

작가의 말에 의하면 성웅 이순신을 리더인 이순신의 모습으로 보여 주려고 했다는데 이 작품에 만족하십니까?

윤선주 작가가 이미지를 잘 그렸다고 생각합니다. 연출을 하면서 이순신의 영웅적 이미지보다는 인간의 모습을 그리려고 노력했지만 아쉬움은 남아 있습니다. 이 땅의 백성들이 보다 인간답게 살 수 있는 세상을 만들기 위해 노력했던 인물을 그려 보려고 했습니다.

어릴 적의 꿈은?

특별히 무엇이 되고 싶다는 생각을 해보지는 않았습니다. 한때는 고시 공부를 한 적도 있지만 군대에 가서 생각이 바뀌었습니다.

앞으로 어떤 작품을 하고 싶으신가요?

계속 깊이 있고 진지한 드라마를 만들고 싶습니다. 드라마 연출은 하면 할수록 어렵다는 생각이 듭니다. 드라마라는 것이 사람의 이야기이고 사람과 함께 하는 작업이라 힘듭니다.

연출자로서 어떤 배우가 좋은가요?

그 인물로 들어가서 글로 써 있고 역사 속에 있는 그 인물을 피가 통하고 살이 보이는 생명력 있는 인간으로 보여 주기 위해서 노력하는 배우입니다.

드라마를 끝내고 어떤 보람을 느꼈고 아쉬움이 있다면... .

동전의 양면과 같이 하나일 수 있는데, 전투 장면의 재현이 잘됐다고 열광하신 시청자분들이 많았지만, 제가 생각했던 전투는 그런 모습이 아니었습니다. 현대전같이 로켓이 날아가고 통쾌하게 적군 배가 깨지는 그런 모습은 아니었을 거예요. 그 어두운 바다에서, 파도는 거칠게 일고... . 그곳에 무엇인가 살아있는 원시적인 힘이 느껴졌을 것 같고... . 공포라고 할까? 원초적인 두려움, 이런 것들이 따랐을 것 같아요. 그런 느낌을 좀 더 살리지 못한 것이 아쉽습니다. 드라마가 끝나고 나면 언제나 아쉬움이 남습니다.

어떤 연출가가 되고 싶으신지요?

부드러우면서도 파워풀한 사람이 되고 싶어요. 향기 나는 삶을 살고 싶습니다. 최선을 다해 아름다운 삶을 살아야겠지요.

드라마 연출가, 2005년 8월

박광현

‘웰컴 투 동막골’을 보고 이 영화를 만든 사람을 만나고 싶었습니다. 어떤 사람일까? 어떤 사람이기에 이런 영화를 만들 수 있었을까? 영화를 보면서 눈물이 나도록 웃었고 때로 가슴이 저리도록 아팠습니다. 강원도 시골의 아름다운 풍경을 볼 때는 우리나라 자연의 신비로움에 감탄하였지요. 하늘에서 눈이 내려와 넓은 들판에 그대로 소복이 쌓인 것만 같은 메밀밭이며, 겹겹이 푸르른 산과 언덕, 춤을 추듯 하늘로 날아오르는 하얀 배추흰나비들 그리고 ‘여일’이라는 소녀의 맑고 순수한 눈동자... . 수류탄이 터지면서 일어난 폭발로 옥수수 알갱이들이 팝콘이 되어 하늘로 올라가 눈처럼 내리던 그 환희로운 장면을 잊을 수 없지만, 무엇보다 저를 감동시킨 것은 동막골 사람들의 그 천진함과 순박함이었습니다. 자갈돌이 깔려 있는 앞뜰을 지나 안이 훤히 내다보이는 유리벽으로 되어 있는 논현동 사무실로 박 감독을 만나러 갔습니다.

박광현 찾아 주셔서 감사합니다.

고은별 반갑습니다. 영화의 첫 장면에서부터 마지막까지 ‘나비’가 중요한 모티브로 등장하는데요.

29

그 나비의 영화적 의미는 이 마을의 독특한 정서를 만들기 위해 등장시킨 것입니다. 이 마을에서 사람이 죽으면 나비가 됩니다. 그래서 마을을 지키지요. 제가 창조해 낸 순수한 공간을 지켜줄 수 있는 수호신이면서 조상신입니다. 순수를 지켜줄 수 있는 인간과 신을 연결해 줄 수 있는 매개체라고 할 수 있지요.

나비가 날아가는 모습을 볼 때 어떤 자유로움이 느껴졌어요. 환상적이었다고 할까요? 참 아름다웠어요.

나비를 보고 있으면 마음이 편안하고 모든 동물 중에 꽃이라고 생각했어요. 그 움직임도 저를 순수하게 정화시키고요. 나비 중에도 종류가 많지만 저는 배추흰나비를 선택했어요. 소박한 느낌을 주지요. 제가 처음에 오픈 세트를 짓기 위해서 평창으로 갔을 때 그곳에 배추흰나비들이 많았어요. 저를 환영해 주는 것만 같았어요. 영화 속에서도 전쟁으로 지친 자들을 나비들이 마을로 인도해 줍니다.

영화 초반의 전투 장면이 아주 사실적으로 묘사가 되었는데 영화를 찍으면서 위험하지는 않았나요?

전문가들이 모여서 촬영을 했기 때문에 위험 부담은 덜했지요. 만약 초반의 전투 장면이 빠졌으면 이 영화는 전쟁을 너무 낭만적으로 보는 비현실적인 이야기가 되고 말았을 겁니다. 그 마을로 들어오기 전까지는 너무나 고통스러운 전쟁 상황이었고 마을로 들어왔을 때 전쟁이 없는 인간이 추구하는 가장 편안하고 순수한 공간으로 들어왔다는 것을 보여 주기 위한 대비의 효과로 이 장면을 아주 사실적으로 표현했습니다.

강혜정 씨가 연기한 '여일'이라는 인물이 인상적이었어요.

강혜정씨는 스타성에 개의치 않고 자신의 연기 세계를 조금씩 확장해 가려고 노력하는 배우지요. 작품 속의 여일은 가장 자유로운 인물입니다. 그 안에는 세상의 어떤 법칙, 좋고 나쁨의 어떤 경계가 없어요. 사실 엄밀히 보면 가장 원초적인 인물이지요. 야생에서 살아갈 것 같은... .

시나리오를 정말 잘 썼다고 생각합니다.

시나리오의 원작자는 장진 감독이고 저와 김중 감독이 함께 썼습니다. 완성하는데 일 년 반 넘게 걸렸습니다.

장진 감독하고는 어떤 특별한 인연이 있나요?

제가 2002년에 단편영화로 데뷔할 때 장진 감독이 제작자였습니다. 그 인연으로 처음 알게 되었지요.

홍보 면에서 보면 '친절한 금자씨'가 훨씬 더 알려졌다는 생각이 들어요. 감독과 주연 배우도 매스컴을 통해 대중적으로 널리 접근했고요.

박찬욱 감독의 작품은 영화가 개봉되기 전부터 관심의 대상이었지요. 유명한 감독이시니까요. 주연 배우도 그렇고요. 우리 영화가 홍보를 열심히 했음에도 불구하고 초반에 잘 알려지지 않았던 이유는 무명 감독에 스타 배우도 없다는 것이었지요. 그 당시에는 모든 관심의 초점이 '친절한 금자씨'에 맞추어져 있었어요.

결과적으론 관객들이 '웰컴 투 동막골'을 더 선호했다고 볼 수 있는데 왜 많은 관객들이 이 영화를 보고 감동하고 좋은 영화라고 이야기하는지 그 이유가 뭐라고 생각하시나요?

많은 분들의 마음속에 순수함이 남아 있어서 이 영화에 공감해 주신 것이라 생각해요. 아직도 여전히 따뜻한 세계라는 것을 믿게 되었습니다. 많은 관객 분들이 저희 영화를 사랑해 주셔서 그것이 고마울 따름입니다.

우리 영화의 주류 관객들이 대부분 10대에서 20대라고 들었습니다. 감독 중에는 관객층을 겨냥해서 작품을 만드는 분도 있다고 하는데... .

저는 제가 재미있으면 해요. 재미있고 이 이야기를 영화로 만들면 사람들이 행복해 할 것이라는 생각이 들면 작품으로 만들고 싶어집니다. 그런 기준 하나를 가지고 해요.
관객층을 미리 염두에 두고 어떤 분들이 더 좋아할 거다 이런 생각은 하지 못해요. 작업 자체에 중요한 의미를 두고 있으니까요. 이번 작품도 그런 이유에서 만들어졌어요. 일단 작업으로 들어가면 집요하고 철저하게 합니다. 제가 목표한 것에 대해서는 절대 포기하지 않습니다. 너무 고통스러운 것이 많은데 그 순간 제가 물러서지 않고 계속 나아가는 것을 의미하지요.

이번 영화를 만들면서 포기하고 싶었던 순간이 있었나요?

다행히 그런 순간들이 한 번도 없었습니다. 다만 강원도 산골짜기에서 겨울에 상상할 수도 없는 추위 속에서 떨고 있는 배우들과 스태프들을 보면서 마음이 아팠습니다. 그 모습을 보면서 무척 고통스러웠지만 지금 힘들어도 좋은 영화로 그들에게 보답하면 그것이 결국은 배우들에게도 좋을 것이라 믿고 그 혹한 속에서도 일을 강행했어요. 감독은 춥지도 않아요. 제가 쉽게 포기하거나 춥다고 하면 감독을 할 수가 없지요. 정신력이라고 할까요? 일 자체에 대해서는 행복했습니다. 제가 영화를 찍으면서 아름다운 사람을 만들려고 했습니다. 신기하게도 모든 사람들이 영화 속의 사람들과 닮아가는 것이었어요. 제가 신인 감독임에도 불구하고 모든 배우가 협조를 잘해 주었고 한 번도 제 작업에 이의를 제기한 사람이 없었습니다.

첫 작품에서 큰 성공을 거두셨는데요.

재미있는 이야기, 좋은 사람들, 인간의 순수한 감정, 자연이 인간에게 주는 무궁무진한 풍요로움, 예전에는 있었는데 지금은 잃어버려 가고 있는 어떤 것을 이 영화를 통해 만족시켜 드린 것은 아닌가 그것으로 인해서 관객들이 카타르시스를 느끼는 것은 아닌가 하는 생각을 조심스럽게 해 봅니다. 아마 그런 이유로 많은 분이 '웰컴 투 동막골'을 좋아해 주신 것이 아닐까 생각합니다. 이번 작품이 흥행에서 성공했는데 사람들이 저를 흥행 감독으로만 기억하지 않고 좋은 정서를 가지고 좋은 작품을 만드는 순수한 감독으로 기억해 주시면 좋겠습니다.

영화에 등장하는 '스미스'라는 미군의 이미지가 참 선하게 그려졌어요.

어떤 사람은 북한군이 왜 더 착하게 그려졌느냐고 말하는 분도 있지만 감독은 누구를 착하게 누구를 나쁘게 그린 것이 아니라 전쟁에서 상처받은 사람들을 모아 놓았어요. 각기 나름대로 사연들이 있는데 미군 스미스의 경우는 자기 나라 전쟁도 아닌데 남의 나라에 와서 목숨을 걸고 싸운 불쌍한 사람이지요. 그는 너무 선한 사람이기 때문에 그 마을에 들어올 수 있어요. 그 마을에 들어올 수 있는 사람들은 모두 선한 사람들입니다. 북한군 장교도 부상 당한 부하들을 죽이고 가야 하는데 죽이지 못하잖아요? 지휘 능력이 없다뿐이지 너무 인간적이지요. 북한군 하사관도 얼마나 아저씨 같고 좋아요.

소년병은 공부하면서 엄마 품에 있어야 할 아이인데 총을 들고 전쟁에 나왔어요. 너무 불쌍하잖아요. 국군 소위도 한강 다리를 폭파했어요. 자기 의지가 아니라 상관의 명령으로 어쩔 수 없이 많은 사람을 죽였어요. 너무나 상처가 크잖아요. 그 사람도 달래 줘야 해요. 자기 꿈은 노래를 부르는 것인데 전쟁으로 꿈을 잃어

버린 아이도 있어요. 이렇게 너무너무 불쌍하지만 선한 사람들을 이 마을로 모았어요. 그래서 그들을 치유해 주고 싶었어요. 그런 영화거든요. 인간에게 남아 있는 순수한 감정을 되찾고 때가 묻어 있으면 잘 닦고 걸러서 전쟁으로부터 자유롭게 해 주고 싶었습니다.

치유의 영화네요. 동막골이라는 마을이 실제로 존재하나요?

영화 속의 동막골은 가상의 공간입니다. 집들이 있는 오픈 세트를 평창에 세웠습니다. 영화에 나오는 모든 배경은 다 달라요. 메밀 꽃밭은 고창. 대나무 숲은 담양. 감자를 캐는 곳은 인제. 우리나라의 아름다움을 다 모아 보고 싶었습니다.
동막골이라는 지명은 우리나라의 여러 곳에 실제로 존재합니다. 원작자인 장진 감독이 태백산에 들어가 시나리오를 썼는데 그곳의 지명이 동막골이었다고 합니다.

영화감독, 2005년 가을

방혜자

　가을빛이 찬연한 강화의 전등사에서 "생명의 빛, 나눔의 기쁨"을 전하는 '2005 삼랑성문화축제'가 열렸다. 그 축제의 일환으로 정족산(鼎足山) 사고(史庫)에서는 재불화가(在佛畵家) 방혜자의 추상화가 전시되어 가을 산사를 찾은 선남선녀들을 빛과 어둠이 하나된 신비롭고 아름다운 그림의 세계로 이끌었다.

　전등사(傳燈寺)는 정족산에 자리잡은, 현존하는 우리나라 사찰 중 가장 오랜 역사를 가진 절. 사고(史庫)란 고려와 조선시대에 나라의 역사 기록과 중요한 서적 및 문서를 보관한 전각이다. 이처럼 의미 깊은 곳에서 그림을 전시한다는 것은 아주 특별한 일이 아닐 수 없다. 정족산 사고 안에 전시되어 있는 그림들은 한옥(韓屋) 안의 하얀 벽과 나무 기둥 속에서 오묘한 조화를 이루며 빛을 뿜어내고 있었다. 마치 오래전부터 방혜자(方惠子) 화백의 그림을 기다려 왔던 것처럼, 아니 그 전각 자체가 방 화백의 그림을 위해 그곳에 그렇게 서 있었던 것처럼.

방혜자　우리는 빛에서 태어나 빛으로 돌아가지요.
빛과 어둠, 어둠과 빛이 본래 하나입니다.

구도자(求道者)의 모습과도 같은 방 화백의 말을 들으며 나는 천천히 그림들을 바라보았다. 내 마음 속에서 어둠, 빛, 하늘, 우주, 별들이 보였다. 그리고 생명이... . 깊이를 알 수 없는 신비로운 색감, 겹겹이 숨겨진 삶의 진실. 어둠에서 빛이 탄생하고 찬란하게 빛나던 생명은 다시 어둠 속으로 사라진다.

생명의 빛, 영원의 빛... .

맑고 투명한 온기(溫氣)에 감싸여 있는 방혜자 화백. 속삭이는 듯한 작고 여린 목소리에서 부드러움과 따스함이 느껴진다.

고은별 그림들을 보고 있으면 마음이 고요해지고 평화로워요.

방혜자 색과 빛과 에너지가 보는 사람들에게 조금이라도 평화를 전해줄 수 있으면 좋겠다는 원(願)을 세우고 그림을 그리는데 그 간절한 바람이 실제로 작용하는 것 같아 기쁘네요. 많은 분이 제 그림을 보면 환한 빛이 자기 안에 들어오는 것 같다고 말씀하세요.

그림 곁에 그림을 설명하는 것 같은 시(詩)들이 붙어 있어서 인상적입니다.

그냥 우러나오는 대로 적어 놓은 것들이지요. 그림 그릴 때 어떤 소리들이 들리잖아요. 음악도 들리고... . 애써 쫓아가서 잡는 것은 아니고 내게 다가오면 그냥 편안하게 적어본 것이에요. 시(詩)라고 봐주시니까 고맙지요. 아이들 마음으로 돌아가고 싶어요.

천진무구(天眞無垢)한 마음에서 나오는 얘기들을 전하고 싶어요. 의식(意識)을 가진 천진이라고 할까요? 그런 세계가 그리워요. 사람이 태어났을 때 본성(本性)을 가지고 태어나는데 자라면서 껍질을 뒤집어 쓰고 가면을 쓰면서 살아가게 되잖아요. 그러다가 어느 시기가 되면 한 꺼풀 한 꺼풀 벗어내는 작업을 하게 되지요. 그림을 그릴 때 점 하나 빛 하나 이것이 평화를 주도록, 내가 허물을 벗고 새롭게 태어나는 몸짓이 되도록 노력하지요.

대학을 졸업하자마자 프랑스로 유학을 가셨는데 그 당시의 상황을 봐서는 여자 혼자 유학하는 것이 쉽지 않았을 텐데요.

부모님은 선각자(先覺者)셨지요. 어머니는 이화여전을 나오셨고 아버지는 경성사범을 나오셨어요. 시골학교 선생님이셨는데 아이들에게 재산은 물려주지 못해도 공부만은 원 없이 할 수 있도록 하시겠다며 유학을 가려고 할 때 두말없이 허락을 해주셨어요. 편지마다 "심오(深奧)한 세계를 그리도록 하라. 영원히 남을 그림을 그려라." 하시며 저를 격려해 주셨어요. 저를 믿어주신 것이지요.

프랑스 사람하고 결혼한다고 했을 때 부모님께서 반대하셨겠어요.

많이 반대 하셨지요. 프랑스에서 결혼한 후에 한국으로 부모님을 뵈러 갔습니다. 제가 남편에게 기본적인 인사법이라든가 절 하는 법을 가르쳐 주었는데 비행장에서 저희 부모님을 만나자마자 시멘트 바닥에 넙죽 엎드려 큰절을 올렸어요. 대번에 홀딱 반하셨지요. 아버지가 "내가 딸 하나 잃어버리는 줄 알았는데 아들 하나 얻었다."고 좋아하셨지요.

첫인상이 어떠셨어요?

신부(神父)가 될 사람인 줄 알았어요. 신학생인 줄 알았지요. 집안이 가톨릭이고 이모네 남편 집안이 일본의 소피아 학교를 세운 깜보라는 집안이에요. 신부가 되어 일본에 가서 학교를 세운 사람이지요.

절에는 언제부터 다니셨나요?

제가 늘 아팠어요. 그 당시에는 요양 시설이 별로 없었기 때문에 제가 아프기만 하면 어머니께서 저를 산속에 있는 절에 보내셨어요. 수덕사에 있을 때 스님 방에 매일 찾아갔는데 노스님은 누더기 옷을 꿰매시면서 제게 좋은 말씀을 많이 해 주셨고 저는 질문을 하면서 사이좋게 대화를 나누었지요. 하루는 그분이 보이지 않는 거예요. 혼자 산에 갔다가 돌아오니까 절에 스님들이 왔다 갔다 하며 난리 난 것처럼 분주한 거예요. 스님 방에 가보니 안계셔서 어디 가셨나 물었더니 오늘 아침에 입적하셨다고, 열반하셨다고 하시는 거예요. 무슨 뜻인가 했더니 목욕재계하시고 개울가 바위 위에 앉아 그대로 선종하셨다고 했어요. 그래서 관도 네 모로 짜고... .

그런 모습을 보고 불교에 대해 경외심을 갖게 되었어요. 프랑스
에서 살 때 영성(靈性)이 깊은 좋은 신부님을 만나 그 영향으로
영세까지 받았는데 한국으로 돌아와 살면서 실망이 컸어요. 제가
갈증이 많았습니다. 그래서 공부를 하고 싶었고 석주 스님에게
가서 글씨도 배우고 탄허 스님에게서도 배웠지요. 좋은 스님들을
만난 인연으로 겉으로만 알던 불교에 대해 깊이 있게 알게 되었
어요. 연기법(緣起法)이라든가 자비 광명(慈悲光明)의 세계, 우주
(宇宙) 공간에 대한 설명들을 들어 보면 정말 대단하잖아요?

법정 스님은 제가 불란서에서 전시회를 열었을 때 찾아오셔서 사
인까지 해 주셨던 인연이 있어요. 제가 82년에 한국에 와서 첫
개인전을 할 때 법정 스님이 계신 불일암에 가서 일주일 동안 지
냈어요. 손수 밥도 해 주시고 큰절에 가서 먹을 것을 얻어다 주셨
어요. 고마움을 잊지 못해서 프랑스로 스님을 초대했는데 그때
청학 스님과 같이 오셨지요. 그래서 청학 스님을 알게 되었고 이
렇게 유서 깊은 전등사 정족 사고(鼎足史庫)에서 전시회를 열게
된 것입니다.

어릴 때부터 몸이 좋지 않다고 하셨는데 건강관리는 어떻게 하시나요?

기공, 요가, 내공, 태극권 안 한 것이 없어요. 프랑스 사람들에게
기공을 가르치고 있어요. 우리 몸이 공간에 글씨를 쓰는 것이라
고 말하지요. 매일매일 샘물을 마시듯 몸을 다스리는 것도 어릴
때부터 가르쳐야 한다고 생각해요. 마음으로 살아가는 그런 방
법을 가르쳐야 할 것 같아요. 우주적인 큰 그릇을 만들 수 있도

록, 마음을 열고 사랑의 세계 빛의 세계에서 행복하게 살도록, 물성(物性) 안에 있는 본래의 것을 찾아내는 혜안, 지혜로움을 키워줘야 합니다. 우리도 불성(佛性)의 세계, 기독교의 사랑, 이것이 몸에 배고 그대로 우러나올 수 있도록 실천하는 삶을 살아야 합니다.

  이야기를 나누면 나눌수록 더 깊이 스며들어 오는 온유함과 평화로움. 방혜자 화백의 마음속 깊은 곳에 하느님의 사랑, 부처님의 자비가 깃들어 있어 내게 그 고요함과 평화가 전해져 오는 것은 아닐까? 나로 하여금 마치 한 마리의 학(鶴)을 보는 듯 고결한 아름다움을 느끼게 하면서... .

  사고(史庫) 안에 감돌고 있는 차가운 공기 때문인지 손이 시렸다. 난로에서 나오는 온기를 느끼려고 가까이 손을 대본다. 따스함이 손끝에서 온몸으로 번져 오른다. 시간 가는 줄을 모르고 대화를 나누었다. 이대로 밤을 새며 이야기를 들어도 좋을 것만 같은데 뒷정리하러 오신 범천(梵天) 스님에게 저녁 공양을 부탁하는 방 화백은 내가 선물로 드린 장미 한 송이를 소중하게 품에 안고 내려갈 준비를 하고 있다.

고은별 꽃이 참 예뻐요.

범천스님 꽃은 왜 예쁠까요?

방혜자　저절로 피니까. 스스로 저절로 피어나니까요.

마치 화두(話頭)처럼 던져진 한마디
"스스로 저절로 피어나니까... ."

재불 화가, 2005년 10월

이연걸

독실한 티베트 불교 신자인 중국 배우 이연걸 (중국명: 리 리안 지에, 영어명 : 제트 리)이 새 무술영화 '곽원갑'의 홍보차 서울을 방문했다. 시사회와 기자 간담회를 위해 3월 23일 목요일, 서울 극장에 도착한 이연걸을 만났다. 검은색 폴라티에 검은 가죽 재킷을 입고 무대에 등장한 이연걸은 결코 커 보이지 않는 키에도 불구하고 서 있는 모습이 당당하고 의연했다. 목에는 검은 염주가 빛나고 있었다.

고은별 배우이기 전에 무술인으로서 '곽원갑'이란 인물을 어떻게 생각하고 있습니까?

이연걸 역사의 인물을 영화로 만들 때 가장 중요한 것은 기술적인 면으로 어떻게 표현하느냐보다 정신이 가장 중요한 것입니다. 곽원갑이 세상을 떠난 나이가 마흔 두 살입니다. 어릴 때부터 무술을 배웠고 40대가 된 지금의 나 자신도 무술을 통해서 얻을 수 있는 정신적인 것이 무척 중요하다고 생각했고 나 자신이 그동안 걸어왔던 무술 영화인으로서의 사상과 인생을 이 영화 '곽원갑'을 통해서 나타내고 싶었습니다.

그동안 출연했던 영화들에서 영웅적인 이미지가 강했는데 실제의 삶에서도 그런가요? 2004년 몰디브에서 쓰나미 재해 때 보여준 휴머니즘은 많은 사람에게 깊은 감동을 주었다고 생각합니다.

나는 스스로를 영웅이라고 생각하지 않습니다. 2004년 12월 몰디브에서 가족과 함께 휴가를 보내고 있었습니다. 쓰나미로 인한 자연재해라는 극한 상황에서 나뿐만이 아니라 모든 사람들이 흑인, 백인, 아시아인 누구를 가리지 않고 진정한 인간애를 발휘했습니다. 최근 많은 아시아 국가들이 물질적으로 풍요로워지고 발전했음에도 불구하고 사람들이 정신적으로 나약해져서 쉽게 자신의 생명을 포기하는 것이 무척 안타깝습니다. 영웅이 아닌 영화인으로서 사람들에게 전해 주고 싶은 메시지는 적은 밖에 있는 것이 아니며 폭력으로 싸워 이길 수 있는 것이 아니라는 것, 자신 안에 존재하는 나약함, 두려움 같은 자기 안의 적과 싸워 이길 수 있는 것이 진정한 승자가 되는 길이라는 것입니다. 이 영화를 통해서도 저의 메시지가 전해지기를 바랍니다.

이연걸 배우에게 무술은 어떤 의미가 있습니까?

내가 생각하는 무술이라는 것은 한자를 예를 들어 봐도 알겠지만 싸우는 것을 배제하는 것이 무술입니다. 그동안 무술 영화들은 화려하고 기술적인 면, 밖에서 보여지는 화려한 액션이 스크린을 장식했습니다. 그러나 진정한 무술은 겉으로 보여지는 화려한 동작들, 액션이 아니라 그 안에 들어 있는 정신이고 깨달음입니다.

이번 영화에서는 그러한 무술의 진정한 뜻을 표현하려 노력했습니다.

무술인, 영화배우, 2006년 2월

김기철

영문학을 전공하고 학교에서 영어를 가르치며 평범하고 일상적인 삶을 살아가던 교사 김기철. 삼십 년 전 어느 날, 광화문 신문회관에서 전시 중이었던 인간 문화재 김봉룡 옹의 나전칠기를 보았을 때, 가슴 속에서 치솟아 오른 놀라운 환희는 그의 삶에 한 줄기 빛이 되어 그때까지 살아온 일상의 삶을 새롭게 변화시켰다.

동양자수와 같은 나전칠기 문양은 신묘한 인간의 위대함을 보여주는 것 같았다. 정교하고도 세밀한 자개 무늬는 "어떻게 인간의 손으로 저토록 아름다운 작품을 만들어낼 수 있을까?" 하는 감탄을 자아냈고 "나는 그동안 무엇을 하였단 말인가? 나는 무엇을 할 수 있단 말인가?"라는 실존적 의문에 빠져들게 하였다. 남에게 그토록 놀라운 감동을 줄 수 있다는 사실 자체만으로 이 세상을 살다 가는 보람이 있을 것 같았다. "나도 지금부터라도 무엇인가 사람들에게 감동을 줄 수 있는 것을 해봐야겠다."고 결심하였다. 무엇을 만든다는 것, 창조한다는 것, 그 이상의 것이 없을 것 같았다.

우연하게 이루어진 이 명작과의 만남은 교사 김기철이 도예가 지헌(知軒) 김기철로 새롭게 탄생하는 계기가 되었다.

고은별　도자기는 처음 어떻게 하게 되셨나요?

김기철　화분을 옮기다가 허리가 삐끗했는데 디스크가 되어 휴직을 하지 않을 수 없었습니다. 퇴원 후에 집에서 쉬고 있는데 집사람 친구가 청자 흙 한 덩이를 가지고 와 만들어 보라면서 2, 3분 정도 만드는 요령을 가르쳐 주고 갔어요. 그 흙을 가지고 도자기 팸플릿을 펼쳐 놓고 꽃병, 술병, 단지 등을 만들어 보았습니다. 사람들이 그 작품을 보고 좋아하고 잘 만들었다고 칭찬도 해주었는데 이것이 나에게 용기를 주었습니다. 방학을 이용해 도자기 가마에 가서 밤낮없이 배웠습니다. 김봉룡 옹의 나전칠기를 보고 내면에 솟아오른 창조에의 열정이 이렇게 도자기와 만나 좋은 인연을 맺게 된 것입니다. 몇 년 동안 수없이 많은 시행착오를 겪었고 역경이 밀어닥치기도 했지만 그럴 때마다 놀랍게도 희망을 잃지 않고 밀고 나갈 수 있는 계기가 마련되었습니다.

'불수감'이란 작품에 대해 말씀해 주시겠어요?

1979년에 공간대상전(空間大賞展)에 출품한 작품인데 도예부문 디자인상을 받은 작품입니다. 그 당시 국립중앙박물관 관장이었던 최순우 선생께서 제 작품을 보고 부처님 손처럼 생긴 대만(臺灣) 과일, 불수감을 닮았다고 이름을 그렇게 지어 주셨지요. 최순우 관장이 제 작품에 특별한 애정을 보여 주었어요. 너무 좋아해서 보관하고 싶다고 하셨습니다. 그래서 기증했습니다. 제 작품을 관장실 가운데 진열해 놓으셨어요. 불수감을 애지중지하셨지요. 우리 조선 백자의 신비한 빛깔과 품격은 무한한 감동을 안겨 줍니다. 모유의 따뜻한 체온을 지니고 있는 것 같은 유백색과 맑은 물속을 보는 것 같은 옥색은 환상의 세계를 들여다보게 하는 것 같습니다. 저는 여기에 매혹되어 뒤늦게 울퉁불퉁한 시골길을 소달구지에 매달려 엎어지고 자빠지며 가고 있습니다. 고맙게도 주위에 제가 나아갈 길을 이끌어 주고 힘을 북돋워 주는 분들이 적지 않아 용기를 잃지 않고 있습니다. 좋아한다는 한 가지만을 가지고 이 길로 뛰어든 자신이 얼마나 무모했던가를 절감할 때도 있었고 그동안 도예를 하는 과정에서 좌절과 고심의 시간을 보낸 적도 많았습니다. 도자기란 인간이 할 수 있는 능력 이상의 그 어떤 힘의 조화에 의해서 완성된다는 것을 깨닫기까지 오랜 시간이 걸렸습니다. 우리 민족이 지니고 있는 흰 빛깔의 소박함이 백자 본래의 모습이라고 생각합니다. 무엇보다 도자기에서 가장 중요한 것은 형태입니다. 우리 백자야말로 순박한 단순미의 극치라고 일컬어지지요. 흰옷을 입은 우리 민족의 순수성과 평화를 사랑하는 마음이 백자를 통해서 한층 빛나고 있음을 알 수 있습니다. 좀 더 자신감을 가지고 진정한 우리의 것, 맑고 티 없는 아름다움을 이룩하는데 정성을 기울여야겠다는 다짐을 하게 됩니다.

도자기 만드는 것을 흙장난하는 것이라고 하셨는데요.

제가 성격상 누구를 만나러 외출을 한다든가 여러 사람과 어울리는 것을 좋아하지 않습니다. 나무나 화초를 돌본다거나 밭고랑에 앉아 잡초를 뽑는 것이 제 체질이고 도자기 역시 혼자 FM 음악을 들으면서 기분 나는 대로 흙장난을 하는 것입니다.

제가 흙을 좋아해요. 집을 지으려고 썰어 놓은 것 같은 논흙도 좋고 물가의 은모래도 좋고 숲속의 낙엽 썩는 흙도 좋아합니다. 그러나 무엇보다 분가루 같은 도자기 흙이 제일 좋지요. 어린애가 된 기분으로 흙을 가지고 놀아요. 자연에 대한 친화력이라고 할까 각별한 애정이 내 몸 구석구석에 스며 있다가 손끝으로 빠져나오는 것 같습니다.

스님들과도 교류가 깊으시지요?

도자기를 만들다 보니 자연스럽게 스님들과 알게 되었습니다. 불광사를 창건하신 광덕 스님의 상좌이신 송학 스님이 스승인 광덕 스님을 흠모하는 '내일이면 늦으리'라는 글을 쓰셨는데 제가 그 글을 읽고 깊은 감명을 받았습니다. 사제 간의 인간관계가 이렇게 기막히게 감동적일 수 있을까? 생각할수록 참 흐뭇했습니다.

법정 스님과도 인연이 깊다고 들었습니다.

스님께서 저희 집을 찾아오셨습니다. 그 당시 제가 법정 스님의 '서 있는 사람들'을 읽고 감명을 받았는데 그 책에서 스님께서 인사동에 다기를 사러 가셨을 때 좋은 것은 비싸고 가격이 괜찮은 것은 마음에 들지 않아서 사지 못했다는 글을 읽고 제가 스님에게 다기를 선물하고 싶다는 뜻을 스님의 지인에게 전했는데 그분이 스님을 직접 모시고 오셨습니다. 그 이후로 스님이 종종 저희를 찾아오시곤 하셨습니다. 저희도 일 년에 두 번 불일암으로 찾아가서 뵙고 옵니다.

손수 농사를 지으신다고 들었습니다.

열 손가락 움직이는 것을 좋아하고 흙을 좋아하다 보니까 농사도 직접 짓고 있습니다. 6·25때 고향으로 피난 가서 지게 지고 농사 지은 경험이 도움이 되었어요. 직접 농사지은 신선한 채소와 곡식으로 소박하게 차려놓은 상에 둘러앉아 가족이 함께 식사하는 일상의 작은 기쁨을 누리며 살고 있습니다.

도예가 지헌 김기철의 가마〈窯〉가 있는 경기도 광주의 곤지암에는 새봄이 찾아와 온 산과 들이 생명의 푸른 빛으로 물들었고 보원요(寶元窯)로 들어가는 작은 흙길을 따라 하얀 매화꽃이 피어 있었다. 갓 피어난 매화꽃에서 진동하는 향기는 얼마나 깊고 그윽한지... . 그 진한 향기에 취해 황홀하게 걷고 있는데 왼쪽으로 넓게 펼쳐진 앞마당이 보였다.

마당으로 가면 오른편으로 장독대가 있고 왼쪽에는 붕어가 살고 있는 작은 연못이 있다. 둥글납작한 돌들을 모아 쌓은 돌탑과 뒷산에서 흘러내리는 시원스런 물줄기... . 뒤뜰에 피어있는 제비꽃, 패랭이꽃, 할미꽃을 보니 시골에 와 있는 기분이 들었다. 뜰에는 명저나무가 화려한 주홍빛 꽃을 피우고 조팝나무의 작고 하얀 꽃송이는 달콤한 향기를 솔솔 품어 내고 있었다. 어디선가 하얀 배추흰나비 한 쌍이 날아오고 나뭇가지 사이에서 새들이 지저귀는 소리가 들려왔다. 넓은 뜰 곳곳에는 도자기가 놓여 있고 나무와 꽃, 바람, 돌, 흐르는 물과 함께 아름다운 자연(自然)의 풍경을 이루고 있었다. 석등(石燈) 위에 놓여 있는 오므라진 연꽃 모양의 도자기와 반쯤 펼쳐진 연잎 가장자리에 작은 청개구리가 앉아 있는 과반(果盤)을 바라보며 한참을 그렇게 말 없이 서 있었다. 나도 그 조화로운 자연 속의 일부가 된 것처럼.

도예가, 2006년 봄

김병규

　김병규 작가에게 전화를 걸어 인터뷰에 대한 이야기를 나눈 그 다음 날, 나는 밝고 경쾌한 기분으로 약속 장소인 송현 클럽으로 갔다. 만나기로 한 시간보다 30분 일찍 도착하여 근처 꽃집에서 작고 예쁜 꽃 서너 송이가 화사하게 피어있는 화분을 하나 샀다. 어제 수화기를 통해 들려오는 목소리를 들으면서 왠지 꽃이 피어있는 예쁜 화분을 하나 선물하면 좋겠다는 생각이 들었기 때문이다. 전망이 좋은 송현 클럽에서 밖을 내다보니 가까이엔 경복궁이, 멀린 청와대가 보이고 여러 종류의 나무들이 서로 다른 모양으로 바람 따라 너울너울 춤을 추고 있었다. 푸드득 까치가 날아가고... . 늘 아래에서 내 머리 위를 날아가는 까치를 올려다보았는데 오늘은 내가 위에서 아래를 내려다보니 까치의 날갯짓이 사뭇 달라 보였다. 아주 작은 점 하나가 멀리서 파르르 움직이며 이리저리 나불나불 날아다녔다. 자세히 바라보니 나비였다. 그 모습이 사랑스러웠다. 십오 분 넘게 기다렸을까? 작가는 환한 웃음을 지으며 내가 있는 쪽으로 다가왔다. 전화를 받았을 때의 첫 느낌 그대로 그의 얼굴 표정은 맑고 밝았다.

고은별　제가 선생님께 전화를 걸어 인터뷰 요청을 할 때 선생님께서 흔쾌하고 기쁘게 승낙하시면서 "오늘이요? 내일이요?"라고 말씀하셨어요. 그렇게 즉각적인 반응을 보이며 빨리 만나 보고 싶은 마음을 전해 주셨습니다. 저에게는 잊지 못할 감동의 순간이었고 이렇게 직접 만나 뵙게 되니 더욱 기쁘고 반갑습니다.

김병규 전화를 받을 때는 좀 밝게 받으려고 노력합니다. 잘못 걸려온 전화라도 밝게 받으면 기분이 나빠지지 않지요. 특히 아는 사람이 전화를 했을 때 제 목소리가 밝으면 받는 사람도 기쁠 수 있으니까요.

어느 사람을 만나도 그 사람을 만날 준비가 되어 있고 세상을 향해 두려움 없이 열려 있는 분이라고 생각했습니다. 15년 동안 초등학교 선생님이셨고 이후 소년한국일보 기자로 활동하셨는데 지금은 기자라는 느낌과 전혀 다른 분위기를 주는 동화를 쓰는 작가시잖아요? 한 사람이 어떻게 서로 다른 세 가지 직업의 일을 할 수 있었는지 궁금합니다.

하는 일은 서로 다르지만, 연결은 어린이와 관계가 있지요. 어린이를 가르치는 선생님이었고 어린이 신문 기자였고 어린이를 위한 동화를 쓰고 있으니까요.

동화를 쓰고 싶어 하는 꿈을 가진 사람들에게 해주고 싶은 말씀이 있다면... .

좋은 동화를 쓰려면 좋은 사람을 많이 만나고 좋은 생각을 많이 해야지요.

그럼 선생님도 선생님의 인생에서 좋은 분들을 많이 만나셨나요?

많이 만났지요. 저는 사람 복, 인복이 있다고 생각합니다. 정말 좋은 사람들을 많이 만났지요.

선생님의 인생에서 잊을 수 없는 사람이 있다면 누구신지요?

전 색동회 회장이었던 김수남 선생님을 잊을 수 없습니다. 돌아 가신 지 9년이 되었네요. 직장 상사였는데 회사 밖에서는 형님 같은 분이었어요. 그분이 누굴 만날 때면 저를 늘 데리고 다니셨 어요. 옆자리에 저를 앉혀 놓고 술을 마시고 이야기를 나누셨는 데 그분의 모습을 옆에서 지켜보면서 많은 자극을 받았습니다. 느끼면서 자극을 받게 해주셨지요. 저도 그분처럼 후배들을 아낄 수 있으면 좋겠습니다.
정채봉 선생도 잊을 수 없는 분입니다. 정채봉 선생과는 김수환 추기경님의 이야기를 책으로 만드는 과정에서 친하게 되었습니 다.

좋은 생각을 하고, 좋은 사람들을 만나고... . 그 외에 다른 것도 있을 것 같아요.

무엇인가를 자세히 바라보고 관찰하는 습관을 키우는 것이 중요 하다고 생각합니다. 큰 꿈과 작은 꿈을 같이 꾸면서 살아가면 좋 을 것 같고요.

어떤 경우에는 작은 꿈이 더 중요할 수도 있지요. 내 꿈이 다른 사람들에게도 좋은 영향을 줄 수 있다면 바람직하지 않을까 생각합니다. 아주 뛰어난 작가가 되는 것은 타고난 어떤 것이 있어야 할지 모르겠지만 그냥 좋아서 쓰다 보면 자기 속에 있는 재능을 스스로 계발하고 자기도 모르고 있던 숨어 있는 재능을 찾아낼 수 있습니다.

저는 문학을 독학으로 공부한 사람입니다. 70년대 초 교육대학을 졸업하고 초등학교 선생님으로 재직할 때 어린이들과 생활하다 보니까 어떤 모습들이 보였습니다. "저것을 동화로 한번 써 봐야지."하는 생각이 났습니다. 그래서 글이 써지면 신춘문예에 보내 봤습니다. 떨어지면 왜 떨어졌는지 알아보고 당선된 사람의 작품을 자세히 읽어 보면서 다시 새롭게 공부했습니다.

처음 신춘문예에 글을 보내고 꼭 십 년 만인 78년에 〈춤추는 눈사람〉으로 당선이 됐습니다. 그 10년 동안 떨어지면서 다시 공부하고 떨어지면서 다시 시작하고 그렇게 동화를 썼습니다.

끈기와 의지네요. 부단히 노력한 결과이고요.

동화 작가는 글을 쓰는 작가 자신이 행복해야 한다고 생각합니다. 저는 한 편의 동화를 끝내고 나서 큰 기쁨을 느낍니다. 나이가 들수록 더 잘 쓸 수 있다는 자신감이 생깁니다. 이 세상에 고통도 많고 힘든 것도 많지만 즐거운 것도 많고 희망적인 것도 많거든요. 희망이라는 것이 꼭 편하게 사는 사람만이 느낄 수 있는 것이 아니고 즐거울 수 있는 것이 아니잖아요? 힘들게 노동하는 사람일지라도 무거운 짐을 짊어지고 땀을 흘리면서도 그 순간에 가족을 생각하며 "내가 이 일을 해서 우리 아이들이 공부를 잘 할 수 있지."라고 생각하면 행복을 느끼는 것이거든요. 그런 속에서 행복을 찾을 수 있는 바로 그것을 동화에서 전해 줄 수 있다면 좋은 동화가 아닐까 생각합니다.

어떤 사람을 보거나 사물을 볼 때 큰 것을 작게 볼 수 있고 작은 것을 크게 볼 줄 아는 안목을 기르라고 말하고 싶습니다. 예를 들면 꽃 속에 있는 어떤 작은 것의 아름다움을 크게 드러내어 볼 수 있어야 하고 생활 속의 고통이나 흉이나 흠이 있을 때 "아아, 그것은 내 인생에서 아무것도 아니다." 하고 적게 줄여 줄 수도 있잖아요? 동화 작가는 사회 속에서 생활 속에서 생각 속에서, 좋은 것 아름다운 것을 찾아서 크게 드러내 보이는 작업을 하는 사람이고, 그런 노력을 하는 사람이라고 생각합니다.

선생님의 얼굴을 보면 어떤 따뜻한 기운이 감돌고 있는 것 같아요.

몇 년 전에 전라도 광주 백양사에 갔는데 '석다정'이라는 스님이 사람들에게 물었습니다. 저보고 처사는 뭐 하는 사람이냐고 하셨어요. 그래서 동화를 씁니다고 대답했더니 "음, 그렇지 표정이 좀 밝다."고 말씀하시더라고요.

소년한국일보 기자로 활동하셨지요?

78년에 한국일보 신춘문예에 동화가 당선되었는데 김수남 편집국장님이 제 동화를 좋게 생각하셨는지 저에게 일을 같이 하자고 하셨습니다. 그래서 "저는 시골에서 아이들하고 살겠습니다." 하고 대답했는데 "당신은 지금 한 학급에 50명을 데리고 수업을 하는데 소년한국일보에서 십만 명이 넘는 학급을 데리고 일하는 것이 좋지 않겠느냐?"라며 저를 설득하셨습니다. 그래서 그분의 권고대로 서울로 올라와 기자 생활을 하게 되었습니다.

'동화 작가 김병규는 눈물이라는 자양분으로 꽃이라는 희망을 피어 내어 사랑이라는 향기를 퍼트려 온 참다운 동화 작가'라고 표현한 글을 읽었습니다.

제가 쓴 동화 중에 〈울 줄 아는 꽃〉이라는 이야기가 있습니다. 꽃은 늘 웃고 있다고 생각했는데 꽃도 울고 또 울 줄 알아야 진짜 꽃이라는 내용의 동화입니다. 그래서 눈물이나 희망, 사랑이라는 표현을 쓰신 것 같습니다. 저에게는 과찬의 말씀으로 들립니다.

우리나라 동화의 초기 작품들과 현대 동화 작가들의 작품이 상당히 다를 것 같아요.

초기는 방정환 선생님으로부터 시작하는데 일제강점기 때였지요. 그래서 동화 속에 문학 작품과는 동떨어지게 의도적인 것들이 많이 담겨 있습니다. 해방이 된 이후에 주로 활동한 작가 중 강소천, 마해송 같은 분들은 민족의 비극 자체를 이야기하기보다 반공적인 내용의 글을 많이 썼습니다. 시대적인 영향을 받았다고 볼 수 있지요. 60~70년대까지는 동화 작가들 중에 초등학교 선생님들이 많았습니다. 80년대에 들어와서 전문적으로 공부한 젊고 개성 있는 작가들이 본격적으로 동화를 쓰기 시작했어요. 이때 문학과 동심이 같이 어우러지는 동화, 문학성이 있는 작품이 등장했습니다. 앞으로도 좋은 동화가 많이 나오리라 생각합니다.

동화에서 문학성을 이야기한다면... .

어떤 이야기를 하는데 수기 비슷한 쪽으로 가면 어떤 사실에서 감동을 받는 것이거든요. 문학 작품으로 승화가 되어야만 작품성이 있다고 할 수 있지요. 문학 작품은 허구잖아요. 현실에서 소재를 따오더라도 문학 작품이 되려면 작가의 상상력에 의해 재구성되고 재창조되는 과정을 거쳐야 합니다. 그래야 진실이 주는 감동으로 바뀝니다. 진실이 주는 감동일 때 공감의 폭이 넓어지지요. 현재 우리 동화는 2000년대에 들어와서 꽃이 피어 가고 있는 단계라고 생각합니다. 조금 염려스러운 것은 세계화라고 해서 우리만의 정서, 우리 고유의 것을 배제한 것이 세계화된 작품이라고 착각하는 젊은이들이 있다는 것입니다. 우리 것이 살아 있으면서 세계와 공감할 수 있는 작품이어야 한다고 생각합니다.

어릴 적에 시골에서 자란 아이들이 도시에서 자란 아이들보다 감수성이 예민하고 서정적이라고 들었습니다. 그러면 도시에서 자라는 아이들을 위해서 어떻게 하면 좋을까요?

자연을 찾아가는 수밖에 없지요. 자연 속에서 얻을 수 있는 것은 말로나 어떤 영상으로 얻어지는 것이 아니니까요. 자연과 사람 속에서 살아온 옛날 우리 조상들의 지혜를 본받아야 한다고 생각합니다. 자연과 사람이 함께 존재하는 곳이어야 바람직하겠지요. 그리고 행복에 대해 말씀드린다면 저는 89점짜리 행복, 그만큼의 삶만 살면 된다고 생각해요. 보통 사람은 90점, 100점을 살려고 하고 최소한 90점은 되어야 한다고 생각하지요. 왜 제가 1점을 빼고 80점대로 내렸냐 하면 그래야 이룰 수 있을 것 같고 내가 넉넉해질 수 있을 것 같았거든요. 딱 90을 채우기 위해서 1% 때문에 아득바득하고 89점도 다 된 것인데 90점이 안됐다고 못 이루는 것이라 생각하고 안타까워하고 속상해 하기보다는 80점 대로 내려놓고 80점 대 중에는 최대로 노력을 기울여 89점이 되면 이루어졌다고 생각하고 기뻐할 수 있는 것이지요.

그것이 선생님께서 행복하게 살고 계신 비결이군요.
앞으로 하고 싶은 일이나 새롭게 꿈꾸고 계신 것이 있다면... .

앞으로도 계속 좋은 동화를 쓰고 싶습니다. 동화를 쓸 수 없는 나이가 되면 고향에 가서 자연을 살리는 일을 하고 싶습니다.

　소년한국일보 편집국 부국장으로 재직하고 있는 김병규 작가를 만나러 간 날은 월드컵 예선 토고와의 첫 경기가 열리는 6월 13일 화요일 오후였다. 약속 장소에 도착했는데 손님이 한 사람도 없었고 종업원들도 몇 명밖에 눈에 띄지 않았다. 저녁에 예약 손님이 없다고 축구

경기를 보러 가야 한다며 2시에 문을 닫았다고 했다. 사람을 만나기로 약속을 해서 기다려야 하는데 앉아 있어도 좋은지 물었더니 잠깐 이야기 나누는 것은 괜찮다고 말했다. 근사한 분위기에서 차를 마시며 이야기를 나눌 수는 없어도 만나고 싶은 사람을 만나 얘기하는데 물 한 잔이면 충분하고 생각했다. 즐거운 대화는 한 시간이 훨씬 지났는데도 쉬지 않고 계속되었다. 작가는 경쾌한 목소리로 시종 웃으면서 이야기를 이어 갔다.

동화 작가, 2006년 6월

이수형

　이수형 학장, 어디선가 본 듯한 낯익은 얼굴이다. 웃음을 머금은 얼굴이 누군가를 떠올리게 하는데... . 아하, 정희경 전 국회의원. 어머니를 닮았구나. 故 이연호(李然浩) 남양 알로에 회장의 장녀. 미국에서 박사학위를 받고 돌아와 곧바로 부친이 세운 대학에서 서른여섯의 젊은 나이에 우리나라 최연소 학장이 된 사람. 하던 일을 마치고 오겠다며 잠깐 인사를 나누고 돌아간 그녀를 혼자 차를 마시며 기다렸다.

　창가로 가서 나무들을 바라보았다. 푸른빛이 짙다. 얼마를 기다렸을까? 비서가 들어와 학장실로 안내했다. 이수형 학장은 다시 반갑게 맞아 주었다. 살짝 분을 바른 듯한 밝은 얼굴이 화사했다. 넓은 집무실에서 유난히 눈에 띄는 것은 靑江 이연호 회장 사진. 학교 조감도 밑에 놓여 있는 액자 속의 얼굴은 온화한 미소를 머금고 있었다. 이상하게 돌아가신 분의 모습 같지가 않았다.

고은별　작고하신 아버님은 어떤 분이셨나요?

이수형　아버지는 자상하고 온유하신 분이셨어요. 섬세하신 분이셨지요. 남녀차별을 하지 않으셨고 오히려 장녀인 제게 큰 기대를 갖고 계셨습니다. 자식을 놓고 이래야 한다 저래야 한다고 하신 적이 없으셨어요. 그냥 아버지께서 하신 행동을 보고 저절로 배우게 되었지요. 저는 성격적인 면에서 아버지를 많이 닮았다고 생각합니다. 어머니는 외향적인 성격에 사교적이고 활동적이셨어요. 남동생하고 어머니는 서로 비슷한 점이 많아요. 저는 균형 있는 집안에서 자란 것이 행운이라고 생각합니다.

어머니께서 널리 알려진 분이시고 (이화여고 교장, 국회의원을 지낸 정희경 이사장) 평범하지 않은 환경 속에서 자라면서 외로움이랄까, 어떤 어려움은 없었는지요?

제 이름이 정수형이 아니냐고 하신 분들이 있었어요. 어머니께서 유명하셨으니까요. 학교 행사가 있을 때 어머니께서 너무 바쁘셔서 참석하지 못하시니까 아버지께서 대신 오시곤 하셨어요. 그때만 해도 아버지들이 학교에 오시는 경우는 거의 없었지요. 창피하기도 했는데 지금 생각하면 참 행운이었던 것 같아요. 저희 어머니는 대범하시고 선이 굵으세요. 직장 생활을 하셔도 살림에 전혀 소홀함이 없으셨지요. 밥 한끼를 일하는 사람 손에 안 먹어 봤거든요. 유능하신 분이라고 생각합니다. 어머니 자신은 많이 힘드셨을 거예요. 제가 직장 생활하는데 어머니께서 좋은 모델이 되어 주셨습니다. 스물여덟에 어머니께서 저를 낳으셨는데 저도 똑같은 나이에 딸을 낳았습니다. 그 당시 저는 어머니가 무섭고 대단해 보였거든요. 그런데 우리 딸이 저를 볼 때는 그렇지 않은 것 같아요. 제가 아이들 눈높이에 맞춰 잘 놀아 주었기 때문일 거예요.

제가 만나본 어머님은 밝고 힘찬 느낌을 주는 분이셨어요. 사람들에게 희망의 메시지를 전해 주신 분으로 기억합니다. 청강문화산업대학이라는 이름에서 느낀 것이지만 문화를 산업과 연결시켰다는 것이 독특하다고 생각했어요. 그 발상이 어느 분에게서 나온 것인가요?

저의 학교가 인가를 받을 때 공업대학이라고 해야만 인가를 받을 수 있었어요. 그래서 정식으로 인가를 받고 나서 나름대로 연구를 하고 특성화한 후에 문화산업대학으로 이름을 짓게 된 것입니다. 영어로 표현한다면 Creative Industry라고 할 수 있는데 여기에 새롭게 문화의 의미를 접목시킨 것이지요. 어느 한 사람에게서 나왔다기보다 팀을 만들어서 조사하고 연구한 결과라고 할 수 있습니다.

김구 선생님께서 말씀하셨던 "아름다운 문화의 나라, 대한민국"의 이미지가 떠오릅니다. 청강문화산업대학이 우리나라 문화를 발전시키는데 기여하리라고 생각합니다.

저희 학교가 우리나라에서 처음으로 애니메이션 학과를 만들었어요. 그 후로 100여 개가 넘는 학교에서 같은 학과가 생겼습니다. 그 외에도 이동통신학과, 푸드 스타일학과 등 최초로 개설한 학과가 많이 있습니다. 2006년 5월 10일 개교 10주년을 맞이하여 'New School' 개념을 도입했습니다. 저희가 추구하는 것은 새롭고 유니크한 것입니다. 우리 학교는 유연하고 역동적입니다. 그래서 가능성이 활짝 열려 있다고 생각합니다.

어릴 적 꿈은... .

저는 너무도 평균적인 삶을 살아왔고 궤도에서 벗어난 적이 없었습니다. 일탈을 꿈꾸지도 못하고 살아왔습니다. 모범적이고 바른 생활을 추구하면서 살아왔다고 할 수 있지요. 주위에서 늘 보는 사람들이 교수였기 때문에 장래 희망 난에도 교수, 선생님이라고 적었습니다. 중학교 때 그림을 그렸는데 고등학교 진학을 앞두고 어머니께서 제가 예고로 진학하는 것을 반대하셨어요. "너를 보니까 미치지를 않아. 그러니까 그 길은 아니다."라고 말씀하셨지요. 지금 생각하면 참 현명한 판단이셨어요. 어머니께서는 미치지 않으면 예술을 할 수 없다고 생각하셨나 봐요. 예술가에게는 열정이 필요하다는 뜻이겠지요. 그래서 어머니의 충고대로 일반고로 진학했습니다. 어느 날 어머니께서 미국에서 여자이면서도 정치학이라든가 경제학 등 남자들의 영역을 공부하는 사람들이 커버스토리로 나온 외국 잡지를 보여 주셨습니다. 그 기사를 읽어 보고 진로를 정치외교학과로 정하게 되었습니다.

2년제 전문대학이 현실에 직접적으로 도움이 되는 직업교육에서는 앞서 가지만 기초학문을 공부하는데 어려움이 있다고 생각합니다.

저희 대학이 직업인을 만드는 전문학교이니까 교양과목을 소홀히 하기 쉽지요. 초기에는 영어와 컴퓨터에 집중했습니다. 그런데 역시 학생들이 창의성을 발휘하려면 그 바탕에 필요한 것이 있습니다. 기술만 가지고는 한계가 있더라고요. 그래서 교양과목을 개설해서 짧은 시간이지만 학생들이 기초학문을 접할 수 있도록 하고 있습니다. 저희는 문화 체험을 하는데 장학금을 지급합니다. 문화의 생산자가 될 학생들이 실제로는 문화 생활을 누리지 못하고 있는 것이 현실입니다. 그래서 문화를 체험할 수 있도록 전공에 관계없이 학생 전원이 문화 체험 장학금을 받을 수 있도록 했습니다. 해외 문화 체험도 할 수 있도록 배려하고 있습니다.

무척 바쁜 일정을 보내고 계시는 것 같은데 스케줄 관리는 어떻게 하고 계시나요?

비서하고 둘이 협조해서 하고 있습니다. 저녁때는 될 수 있는 대로 모임을 갖지 않으려고 합니다. 제가 시간이 나면 그림도 그리고 싶고 학교에 늦게까지 오래 남아 있어 보고 싶습니다. 캠퍼스가 조용하고 참 좋거든요.

건강관리는 어떻게 하고 계시나요?

잘 하지 못하고 있습니다. 그러나 기본적으로 잘 자고 잘 먹습니다. 앞으로 운동만 하면 좋겠지요.

젊은 나이에 학장이 되셨어요.

제가 서른여섯에 학장이 되었으니까 그 당시에는 최연소 학장이었을 거예요. 저의 첫 사회생활이고 첫 직장이었습니다. 그래서 힘들고 어렵지만 이것을 제가 힘들다고 해야 하는 것인지 몰랐습니다. 어느 정도까지 어려워야 어렵다고 할 수 있는 것인지를 몰랐어요. 제가 원래 긍정적으로 생각하는 사람은 아니지만 일에 있어서 만큼은 그렇게 힘들다고 말하지 않거든요. 그래서 저는 젊은 분들에게 너무 힘들다고 하지 말아 달라고 부탁하고 싶어요. 너무 힘들다 힘들다 하면 자기 스스로도 힘들어지니까요. 마음을 다부지게 먹어야 할 것 같습니다.

서른여섯이라는 나이에 여자의 몸으로 학장이라는 직위의 무게가 너무 무겁지 않았나요? 그것을 받아들이기가 쉽지 않았을 것 같아요. 두렵지는 않으셨나요?

아버지께서 제게 학장을 맡으라고 하셨을 때 처음에는 못 한다고 말씀드렸습니다. 제가 학교에 대해 아는 것이 없었거든요. 그런데 아버지께서 모르는 게 약이라고 하셨습니다. 사실 그 말씀대로 제가 모르는 게 약인 경우가 많았어요. 대학 사회에서 교수는 어떠해야 하고 학생은 어때야 하고 학장은 이렇게 해야 하고 하는 것들이 많았어요. 어떤 틀, 관행이 너무 많았던 것이지요. 그래서 초기에 저는 다른 학교에 가서 보려고 하지 않았어요. 그 시간에 우리 스타일대로 우리 문화대로 해보자고 했습니다.

교정이 참 깨끗하고 아름다워요. 산이 학교를 포근하게 감싸 안고 있는 형상입니다.

돌아가신 아버지께서는 땅을 보는 눈을 가지고 계셨던 것 같아요. 처음에 이곳은 아무도 학교가 들어설 자리로 보지 않았던 골짜기였어요. 하지만 이곳에서 아버지께서는 미래를 꿈꾸셨고 청강문화산업대학이라는 비전을 보셨던 것이지요.

이수형 학장과의 인터뷰를 끝내고 돌아가야 할 시간인데 그냥 이대로 발길을 돌리기가 싫었다. 한여름의 싱그럽고 풋풋한 정경을 즐기면서 아늑한 캠퍼스를 천천히 걸어 다니며 여기저기 둘러보고 싶었다. 맑고 신선한 공기를 마시며 어디선가 들려오는 고운 새소리를 들으며 자연 속에서 조금 더 머물고 싶었다. 학교 안내를 해주던 김민구 기획실 직원은 "설립자이신 이연호 회장님에 대해 싫은 소리 하는 사람을 한 번도 본 적이 없다."며 그분이 얼마나 인품이 좋은 분이었는지 알 수 있었다고 말했다. 방학이라서 대부분의 학생들은 집으로 돌아가고 없었지만 교정을 걷는 몇몇 대학생들의 모습이 밝고 싱그럽고 힘차게 느껴졌다.

국내 유일의 대학 만화박물관인 청강만화역사박물관을 가 보고 강의실도 들여다보았다. 패션디자인과 학생들의 작품들이 진열되어 있는 전시장에서 새로운 아이디어의 멋진 작품들을 보고 감탄했다. 다양하게 설계된 수많은 종류의 핸드폰들이 전시되어 있는 IT관에는 우리나라 이동통신의 역사가 한눈에 알아볼 수 있도록 일목요연하게 정리되어 있었다. 전통 가마가 있는 곳까지 올라가 보고 내려와 학생 기숙사 안을 보고 나왔는데 어지연 비서로부터 청강 이연호 회장의 묘소가 학교 안에 있다는 말을 들었다. 나는 그곳에 가 볼 수 있는지 물었다. 친절한 비서와 인심이 넉넉하게 생긴 기획실 직원은 싫은 표정 하나 짓지 않고 나를 그곳까지 인도해 주었다.

묘소 입구에서 구두를 벗어 손에 들고 잔디가 깔려 있는 길을 따라 올라갔다. 발에 와 닿는 풀잎의 감촉이 좋았다. 묘소에 이르러 절을 올리고 잠시 고인을 생각하며 조용히 묵념... . 다음에 올 때는 청초하고 어여쁜 하얀 구절초 꽃을 가지고 와서 꽂아 드려야겠다고 생각했다.

바람이 시원하게 불어오고 멀리 산이 보이는데 바로 아래 저만치 나뭇잎들 사이로 학교 건물이 내려다보였다.

이 세상에 태어나 한평생 섬김과 나눔의 삶을 살다간 사람. 한없이 인간을 사랑하고 나무를 좋아했던, 그래서 "나무를 기르는 것이 이리도 좋은데 사람을 기르는 것은 얼마나 좋겠소." 하며 대학을 설립한 고 이연호 회장. 고결하고 순수한 영혼이 잠들어 고이 쉬고 있는 이곳은 청강문화산업대학에서 가장 평화롭고 아름답고 은혜로운 곳이다.

"나는 평생 나무를 기르면서

인재를 기르는 일은

또한, 얼마나 더 보람될까 하는 생각을

설레는 가슴으로 짚어 보곤 했습니다.

나는 청강대학이 성실한 인간, 신의 있는 인간,

그러나 무엇보다도 창의성과 자발성을 갖춘

인간 재목이 쑥쑥 자라나는

삶의 도장이기를 기대합니다."

- 故 청강 이연호 (학교법인 청강학원 설립자)

청강문화산업대학 학장, 2006년 8월

박항률

  박항률 화백의 그림을 처음 본 것은 지금으로부터 6년 전 어느 겨울 날이었다. 정호승 시인의 어른을 위한 동화 '모닥불'을 읽으면서 소녀를 실어 나르는 뗏목의 슬프고 지고지순한 사랑에 감동하여 흘러내린 눈물방울 사이로 그의 그림은 아련하게 푸른 빛을 띠며 내게 다가왔다. "어디선가 겨울 강가에 피어오르는 모닥불을 보시면 소녀를 기다리는 내 기다림이 타오르는 것이라 생각해 주세요." 나무 아래 앉아 있는 단발머리 소녀는 뗏목의 이 애절한 마음을 알고 있을까? 이렇게 나는 '모닥불'을 통해 '박항률'이라는 이름을 기억하게 되었고 '이런 그림을 그리는 사람은 누구일까?'라는 생각에 한번 만나 보고 싶었다. 그런 바람 때문이었을까? 지난 4월 성북동 길상사에서 우연히 화가 부부를 만났고 청담동에 있는 그의 화실로 초대받았다.

고은별 그림을 바라보고 있으면 고요함 속에 어떤 애수(哀愁)가 느껴져 옵니다. 그림은 작가의 마음을 보여주는 것인데 이 아련한 슬픔은 어디에서 오는 것일까요?

박항률 94년부터 '명상'이라는 주제를 가지고 그림을 그렸습니다. 제가 경험한 죽음에서 나온 것이라고 할 수 있겠지요. 고등학교 1학년 때 시골에서 생활했습니다. 그곳에서 사촌 여동생을 만났는데 저보다 한 살 어린 '박금란'이라는 이름의 소녀입니다. 저는 고등학생이었고 사촌 여동생이 중학교 3학년이었습니다. 제가 객지 생활을 하는 데 큰 도움을 주었고 많은 시간을 함께 보냈지요. 서울로 올라올 때 동생도 같이 와서 무학여고를 다녔는데 곱사병을 앓다가 일찍 세상을 떠났습니다. 고통스럽게 죽어가는 사촌 여동생의 모습을 보면서 이루 말할 수 없는 비애를 느꼈습니다.

작품 속의 주인공이 바로 그 소녀일 수도 있겠네요.

어떤 그림에서는 나오지요. 두 번째는 제 어머니가 일찍 돌아가신 것이에요. 대학교 4학년 때 돌아가셨는데 제게는 큰 슬픔이었습니다.

'명상'이라는 주제로 그림을 그리시는데... .

의도적으로 그런 것은 아닌데 우리 민족의 정서를 그리다 보니까 그렇게 된 것 같습니다. 앞으로는 삼국유사에 나오는 이야기를 그림으로 그려 보고 싶습니다. '도화녀와 비형랑'의 이야기를 좋아하는데, 신라 진지왕이 길을 걸어가다 소문으로만 듣던 아름다운 도화녀를 보고 첫눈에 반합니다. 왕이 도화녀를 유혹하지만, 도화녀는 유부녀였기 때문에 왕의 청을 거절합니다. 사랑하는 마음이 깊었던 진지왕은 도화녀에게 남편이 죽을 때까지 기다리겠다고 말합니다. 그녀를 그리워하다 왕이 먼저 죽게 되지만 남편이 죽은 후에 진지왕의 혼이 도화녀를 찾아와 며칠 동안 함께 지내며 사랑을 나눈다는 이야기입니다. 그 뒤로 도화녀가 아기를 낳게 되는데 그 아기가 바로 비형랑입니다. 비형랑은 귀신을 잘 다룹니다.

진지왕이 도화녀를 얼마나 사랑했기에 죽은 후에도 혼령이 되어 찾아왔을까요?

역사학자의 말에 의하면 비형랑의 이야기가 우리나라의 생사관이 담겨 있는 아주 중요한 자료라고 합니다. 산 자와 죽은 자가 공존하는 사회였다는 이야기지요. 만주에 가면 씨족수(氏族樹) 이야기가 있습니다. 우리나라의 신단수(神壇樹) 개념이지요. 마을 입구에 느티나무 같은 큰 나무들이 있는데 발해에 가보니까 거기에도 있었어요. 그 마을의 나이 든 사람이 죽으면 새가 되어 씨족수 나무 위에 앉았다가 아기가 태어나면 그 아기의 영혼 속으로 들어간다고 합니다. 우리나라에도 이와 비슷한 이야기들이 있습니다.

정호승 시인의 시집과 동화책 '항아리'에 그림이 실리면서 대중적으로 널리 알려졌다고 생각합니다.

91년 '비공간의 삶'이라는 첫 시집(詩集)을 낼 때, 펜화를 그려 넣었는데 그 시집을 보고 정호승 시인이 찾아왔습니다.

(화가는 세 권의 시집을 책장에서 꺼내어 보여 주었다.)

그림을 그리면서 시도 쓰시고... .

시라고 할 수도 없지요.

네 잎 클로버라는 시가 있네요.

> 오랜 시간 고이고이 간직해 왔던 책갈피
> 너무 오랜 시간이 지나
> 이제는 잊혀진 내 마음의 갈피 속에
> 앳된 가시내의 소맷자락 사이로 드러난 살빛 같은
> 살며시 입술을 대고 멈추고 싶은
> 네 잎 클로버

그림 그리는 것은 자기가 갖고 태어나는 것 같아요. 자기가 애초부터 가지고 있는 것이지요. 화가가 되는 것은 그것을 표현하는 능력이 생겼다는 것을 뜻합니다. 어떤 성향이나 자기가 그릴 것을 이미 내면에 갖고 있는데 이것을 개성이라고 할 수 있습니다. 제가 학생들에게 늘 하는 말도 "너의 본성을 찾아라. 개성을 찾아라."라는 것입니다. 결국 모든 것이 자기 안에 있는 것입니다. 자기가 그릴 것을 자기 안에 갖고 있는 것이지요.

전업 작가였다가 교수로 활동하고 계시는데 어떤 변화가 있었을까요?

작업실에서 자유롭게 있다가 학교에 나가니까 연구실에 갇혀 있는 것 같아서 적응이 잘 안 되었지요. 이제는 좀 괜찮아졌습니다. 제자들이 많이 생겨서 나름대로 큰 보람을 느끼지만, 학생들을 가르치다 보니 개인적으로 그림 그리는 시간이 많이 부족합니다. 많은 학생이 화가가 되겠다는 꿈을 갖고 대학에 오는데 저는 화가가 되는 것은 마라톤과 같다고 생각합니다. 평생을 그려야 하고 매일 그려야 합니다. 붓을 하루도 손에서 놓아서는 안 됩니다. 제가 대학생이었을 때 현대미술관 관장님이셨던 임영방 선생님 수업시간에 들은 이야기인데 네덜란드 작가 '반 리에'는 창작이란 무엇인가라는 질문에 "창작이란 의지와 힘이다."라고 대답했답니다. "창작이란 어떤 새로운 것을 만들어 내는 것이지만 그것을 가능하게 하는 것은 의지와 힘이다."라는 뜻이지요. 이 말을 들었을 때 깊은 감명을 받았고 지금까지도 그 뜻을 제 마음에 간직하면서 살고 있습니다.

처음부터 이렇게 고요한 그림을 그리셨나요?

40대 초반에 그림을 바꾸었습니다. 그 당시에는 표현적인 그림들이 많아 원색을 많이 사용했습니다. 그런데 시집을 내면서 생각이 바뀌었습니다. 조용한 그림을 그리고 싶었습니다. 제가 전시회를 할 때 길 가던 사람이 무심코 들어와서 제 그림을 보고 그냥 좋아해 주었으면 좋겠다는 생각을 했습니다.

학창 시절 어떤 화가의 그림을 좋아하셨습니까?

피카소와 모딜리아니를 좋아했습니다. 모딜리아니의 그림을 보면 슬픔이 깊숙이 깔려 있습니다. 눈 안에 슬픔이 꽉 차 있는 그림을 그렸습니다. 피카소의 그림 중에서도 청색 시대의 그림을 좋아했습니다. 청색을 좋아하고 청색으로 그림을 그리면 편안합니다.

서양화인데 소재나 주제가 동양적인, 우리나라 정서가 담긴 그림이라고 말할 수 있을까요?

서양화다 동양화다 라고 나누는 것이 현실적으로 맞지 않습니다. 물감의 재질에 따라 구분이 되어야지요. 한국 사람들이 그린 그림이니까 그냥 한국화라고 할 수 있지요.

그림 속 여인의 시선이 아래를 보거나 바깥쪽을 보고 있어요. 그래서인지 동양적 겸손함이라고 할까 다소곳하고 공손한 태도가 느껴집니다.

인도에 갔을 때 어느 미술 평론가가 제 그림이 분명 어디를 보고 있는데 전부 바깥을 보고 있다고 하면서 인도 화가들의 그림은 그 인물이 그림 안쪽을 보는데 제 그림은 왜 전부 바깥쪽을 보고 있느냐고 물었어요. 제가 바깥을 바라보면 그림이 더 커 보이고 넓은 세계를 볼 수 있지 않느냐고 대답했지요.

꽃과 새와 나무와... .

새를 많이 그렸고 그중에서도 머리 위의 새를 많이 그렸습니다.
저는 여행을 다니면서 아이디어를 많이 얻습니다. 여행 자체를
좋아합니다. 머리 위의 새라든지, 촛불 심지를 사람으로 그린다
든지 한 것은 여행에서 아이디어를 얻은 것입니다. 그렇게 그림
을 그리다 보면 다시 그 그림이 그림을 낳게 됩니다. 점점 그릴
것이 많아지지요. 92년에 베니스의 산마르코 성당 앞 광장에서
비둘기 떼가 날아가는 모습을 보고 있었는데 그중 한 마리가 사
람 머리 위에 앉더라고요. 그 순간 '저게 그림이다.' 하고 생각했
고 그때부터 머리 위의 새를 그리게 되었습니다. 제 그림과 새의
인연이 그렇게 시작된 셈이지요.

94년에 몽골에 가서 새에 대해 많은 것을 배웠습니다. 만주의 에
웬키족은 아기가 태어나면 작은 영혼 상자를 만들어 나무를 깎아
서 만든 새를 넣어 줍니다. 이 새의 영혼이 아기에게 들어간다고
믿고 있어요. 우리 민족하고 새는 연관되는 것이 많습니다. 신라
금관에 비취가 걸려 있는데 이것을 새라고 추정하고 있습니다.
나무 위에 새들이 앉아 있는 모습의 왕관(王冠)이라는 것이지요.
이것이 거슬러 올라가면 스키타이 민족까지 연관됩니다. 무덤에
서 같은 형태의 왕관이 출토되었어요. 장수(長壽)를 기원하는 인
면조(人面鳥)도 그렸는데 고구려 벽화에 딱 한군데 나옵니다. 새
의 한 몸에 부부가 같이 있는 새도 있어요. 백년해로(百年諧老)를
뜻하는데 우리나라 민속화에 나옵니다. 불가(佛家)의 가릉빈가

(迦陵頻伽- 극락정토에 살고 있다는 새. 미녀의 얼굴 모습에 목소리가 아름다운데 온화하고 미묘한 법음으로 노래하면 듣는 사람들이 환희를 느끼며 맑고 오묘한 도리를 얻는다고 한다)는 부처님 곁에서 항상 아름답게 노래를 불렀다는 천상의 새입니다.

지금 행복하시지요?

한편으로는 행복하지만 다른 한편으로는 그렇지 않습니다. 그림은 취미로 그릴 때가 제일 좋습니다. 그림을 직업으로 그리다 보면 싫어도 그려야 할 때가 있어요. 사실은 아마추어 화가들이 제일 행복하게 그림을 그리는 사람들입니다.

　그림 속에서 색동저고리를 입은 어여쁜 소녀가 수줍은 듯 다소곳하게 고개를 숙이며 낮은 곳을 응시하듯 화가 박항률의 눈빛은 겸허하고 진솔한 마음을 비추고 있었다.
　소녀의 머리 위에 앉아 있는 새는 지금 어디로 날아가려는 것일까? 세상에서 가장 아름다운 노래를 부르며 파르르 날아올라 새 생명으로 태어난 아기의 영혼 속으로 사르르 스며드는 것은 아닐까?

화가, 2006년 10월

김홍남

　김홍남 국립중앙박물관장을 처음 만났을 때 가장 인상적인 것은 안경이었다. 차가운 질감의 동그란 검은 안경테는 마하트마 간디와 백범 김구 선생을 떠올리게 하였다. 그 동안 만났던 많은 사람들 중에 그렇게 금방 눈에 띄는 동그란 검은 테 안경을 쓴 여성은 내 기억에 김홍남 관장이 처음이다. 홍남(紅男)이라는 특별한 이름을 지어준 사람은 김 관장의 미래를 예측했던 것일까? 박물관이 문을 연 지 61년 만에 남성들이 우월적 지위를 누려온 이 분야에서 여성 최초로 국립중앙박물관장에 취임한 것은 문화계의 획기적인 사건이 아닐 수 없다. 직함이 주는 무게 때문인지 아니면 그 사람에게서 전해 오는 넘치는 자신감과 당당함 때문인지 용산에 자리잡은 세계 제6대 규모라는 박물관의 거대함만큼이나 사람을 제압하는 그 무엇이 느껴졌다.

고은별　우선 꿈을 이루신 것에 대해 진심으로 축하합니다.

김홍남　감사합니다.

지난 4월 일산 킨텍스에서 열린 평화 포럼에서 만난 후 몇 개월 사이에 큰 변화가 있었어요. 감격스럽고도 감회가 새롭지 않으셨나요?

그렇지요. 그동안 제 이름이 거론되었지만, 인사라는 것이 되어봐야 아는 것이고 뚜껑이 열려 봐야 아는 것이잖아요? 정상적으로 그날 하루의 일과를 지내고 있었는데 전임 관장님께서 전화로 축하한다는 말씀을 해 주셨습니다.

이름이 붉은 홍(紅) 자에 사내 남(男)자 세요. 누가 지어 주신 이름인가요?

딸이 위에 셋이다 보니까 아들을 낳으라고 지어 주셨어요. 우리 집과 친하게 지내던 한의사 한 분이 지어 주셨는데 평범한 여성으로 키우려면 초등학교 지나서 이름을 바꿔 주라고 하셨지요. 어머니께서는 호적의 이름은 바꾸지 않고 저를 애칭으로 남이라고 부르셨어요.

어머니의 교육열이 대단하셨다고 들었습니다.

다섯 형제 중에서 어머니하고 제가 가장 가깝지 않았나 생각해요. 우리 형제 모두가 그렇게 생각할지 모르지만요. 어머니께서 저를 아주 특별하게 사랑해 주셨지요. 호흡기 장애로 돌아가셨는데 2개월 내지 3개월 정도 무의식 상태셨어요. 아무런 반응이 없었지요. 돌아가시기 얼마 전에 제가 어머니를 안아 드리면서 귀에다가 "엄마 나 누구야?" 하고 물었어요. 그런데 갑자기 어머니 입이 움직이면서 '김 홍 남'이라고 하시는 거예요.

어머니께서 얼마나 사랑하셨으면... .

그게 마지막이었어요. 몇 개월 동안 말 한마디 못하시고 무의식 상태였는데 제 이름 석 자를 말씀하신 거예요. 그리고 한 달 후에 돌아가셨지요.

보스다운 면모가 많다고 들었습니다.

보스답다는 말보다 독단적이라는 표현을 많이 하시더라고요. 그 것을 좋은 의미로 추진력이 있는 사람이라고 바꿔서 말을 하면 얼마나 좋겠어요? 독단이라는 말 자체가 어폐가 있지만 리더가 되려면 외로운 결단을 해야 합니다. 우선 앞서가야 하지요. 비전을 가져야 한다는 뜻인데, 앞서 보지 않고 어떻게 리더가 되겠습니까? 문화에서 비전이 없고 미래에 대한 계획이 서 있지 않으면 어떻게 되겠어요? 앞서 있다는 말은 어떻게 보면 다른 사람들이 따라오기 힘들다는 표현이 되기도 하지요. 선견지명이라는 말도 있지만 옳은 것이 있고 따라오라 하면 독단이라고 합니다. 저는 전력투구하는 타입입니다. 앞이 보이는데 그 상황을 부정적으로 몰고 가거나 의도를 곡해할 때 참 안타깝고 외롭습니다.

그런 상황을 어떻게 극복하시나요?

저는 돌아서면 잊어버리는 사람이에요. 긍정적인 사람이지요. 묻어 두지는 않고 그냥 잊어버립니다.

〈에코피스리더십〉명예 이사로도 활동 중이시지요?

유네스코와 관련이 있는 단체입니다. '평화는 자연 사랑과 함께' 라는 취지를 갖고 아시아의 젊은이들이 모여서 자연 속에서 자연 사랑과 평화 사랑을 체득하도록 하는 프로그램입니다.

〈북촌포럼〉은 어떤 모임인가요?

경복궁에서 창덕궁 사이가 북촌이지요. 본래는 가회동의 양반 집 들, 궁궐, 일반집들도 많았어요. 옛날에는 대가 집들이 많았지요. 윤보선 전 대통령 집도 있고... . 서울에 마지막 남은 한옥 집들을 보존하기 위해 노력하는 모임입니다.

박물관을 발전시키기 위해 어떤 획기적인 아이디어를 갖고 계시나요?

획기적인 것은 없어요. 우리가 우리의 콘텐츠를 가지고 우리 국 민들이나 한국을 방문하는 외국인들이 전시를 통해서 한국 문화 의 뿌리와 특성, 예술적 성취 등을 느끼면서 체험하고 한국 문화 의 수준을 가늠하게 하도록 해 줄 수 있어야겠지요. 꼭 가 봐야 하는 박물관으로 만들어 가야지요.

오늘 보니까 현장 교육을 온 학생들이 많았어요. 문화 교육 기관으로서의 박물관의 역할이라고 할까, 어떤 프로그램들을 구상하고 계신지요?

지금 참 잘하고 있어요. 우리나라에서 가장 큰 어린이 박물관도 있고 교육 프로그램도 다양합니다. 다만 학생 단체 입장 수로 일년의 관람객 수를 메우는 것은 바람직하지 않다고 생각합니다. 학교에서 단체로 오는 것은 강제 동원의 의미가 있으니까요. 문화 선진국이 되려면 그냥 삼삼오오 찾아와서 수준 높은 관람을 할 수 있어야 합니다. 질 높은 관람을 할 수 있도록 하는 것이 저의 바람입니다.

지금 선진 박물관에서 전시만큼 중요시하는 것이 교육입니다. 박물관 안에서 성인 교육, 청소년 교육, 장애인 교육 등의 사회 교육을 하는 것입니다. 그런데 교육을 담당하는 부도 없고 과도 없습니다. 아마추어 수준이지요. 교육 프로그램을 담당할 우수한 인적 자원이 필요합니다.

우리는 지금 문화의 시대를 살고 있는데 예술의 핵심, 문화의 본질을 관통하는 힘이 무엇이라고 생각하시는지요?

우리가 갖고 있는 문화유산을 현대와 미래의 문화 재창조의 발원지로 쓰는 데서 힘이 나오겠지요. 한국과 일본과 중국이 어떤 공통부분이 있지만, 공통이 아닌 것도 있지 않습니까? 우리가 아시아의 일부라는 것을 당당히 인정하고 아시아 문화 속에서의 한국 문화가 갖고 있는 특색, 문화의 힘을 키워 나가야만 아시아의 문화도 발전해 나가는 것이지요. 각자 자기 몫을 다함으로써 아시아의 일원으로서의 역할을 다 하는 것입니다. 어느 나라의 문화는 우월하고 어느 나라의 문화는 열등하다는 식의 논리는 옳지 않습니다. 한국 문화만이 최고라고 하는 인식은 자기 우월주의에 빠지기 쉽게 합니다.

지금의 삶이 만족스럽고 행복하십니까?

그런 편이지요. 이제 막 육십의 나이에 뭘 그렇게 대단한 로맨스를 하겠어요? 주어진 일을 열심히 하면서 살아가는 것이지요.

어릴 적의 꿈이 지금의 삶과 연관이 되어 있나요?

우리 어머니가 원예를 하셨고 항상 무엇인가를 수집하셨어요. 어머니의 안방이 작은 박물관이었지요. 저는 어릴 때부터 골목대장 같았어요. 보스 기질이 있었지요. 서울대 문리대에 다닐 때 사진부 동아리에서 활동을 했는데 여자로서 처음으로 사진부 부장을 맡았습니다.

내부에 존재하는 여성성에 대해서... .

어릴 때부터 여자이기 때문에 무엇을 못한다는 생각은 한 번도 해 본 적이 없습니다. 어머니께서 저를 그렇게 키우지 않으셨어요. 모든 것이 가능하다고 믿었고 결혼이 꼭 해답은 아니라고 생각했습니다. 무서운 것이 없었지요. 사리는 것이 없었어요.

앞으로의 꿈은?

이 삶을 잘 마무리 짓고 싶습니다. 자기 존엄성을 잃지 않고 자기 속에 있는 위대함을 위대한 실현으로 끌어낼 수 있어야겠지요. 우리 모두 내 안에 위대함이 들어 있습니다. 그 위대한 가치를 그냥 가치로 남겨 놓지 말고 그것을 실천할 수 있는 나 자신이 되어야 합니다. 나 스스로를 위해서 이 사회를 위해서 실천할 수 있다면 가장 바람직하지 않을까 생각합니다.

　인터뷰는 주변 분위기를 느끼지 못할 정도로 그야말로 초고속으로 질문과 대답이 이어졌다. 김홍남 관장은 절도 있고 명확한 어조로 질문에 답하였고 이야기를 하면서도 시간을 철저하게 계산하고 있는 것처럼 보였다. 접견실에서 인사를 나누고 자리에 앉아 인터뷰가 시작된 지 정확히 삼십 분이 지나자 김 관장은 다른 스케줄 때문에 약속 장소로 가야 한다는 말을 남기고 서둘러 일어섰다. 지난 8월 9일 박물관장에 취임하여 공식 업무를 시작한 김 관장이 얼마나 바쁜 일정의 하루를 보내고 있는지를 짐작할 수 있었다.

국립중앙박물관장, 2006년 12월

이어령

　동심(童心)이었다. 그리고 부성애(父性愛)... . 2시간이 넘도록 이어진 긴 대화 속에서 내가 발견한 것은. 어머니의 손을 잡고 시골길을 따라 할머니 집으로 가는 어린아이. 작은 아이의 눈망울에 비처진 폭포수처럼 쏟아져 내렸던 빛줄기, 눈부신 햇살... . 그 생명의 빛은 얼마나 찬란하고 아름다웠을까? 장관, 교수, 비평가, 희곡작가, 소설가, 시인... . 화려하고 많은 직함을 뒤로하고 "그냥 선생님이라고 불러 주는 것이 가장 마음이 편하다."고 말하는 이어령 중앙일보 고문에게서 소탈한 인간미와 인격의 깊이가 느껴졌다. 이야기는 시냇물처럼 음악처럼 끝없이 이어지고 무궁무진한 언어의 보고(寶庫)에서 흘러나오는 말들이 폭발하면서 마치 불꽃놀이를 하는 것과 같았다.

고은별　선생님께서 쓰신 책 〈어머니와 아이가 만드는 세상〉을 읽으면서 선생님의 내면 깊은 곳에 있는 순수한 동심의 세계를 보았습니다.

이어령　동심이 느껴졌다는 것이 맞는 말이에요. 세 살 버릇 여든까지 간다고 하는데 나는 세 살 버릇 가지고 여태까지 글을 쓰고 있어요. 동심을 잃으면 다 잃는 것입니다. 왜냐하면, 아이는 불완전하게 태어나는 것이 아니고 완성되어 태어나기 때문입니다. 태어난 그 순간 완성된 생명체로 태어나지만 크면서 조금씩 잃어

가는 것이지요. 꿈도 잃어 가고 빛나는 어떤 비전을 잃어 가고 무지개색도 잃어 가고 마지막 모든 것을 다 잃은 사람을 노인이라고 하지요. 한 살 때부터 늙는 것이지만 어린아이는 완성된 자연체입니다. 나는 그 마음을 가지고 지금까지 수백 권의 책을 쓴 것입니다.

어머니께서 항상 그 가운데에 계셨지요. 어머니의 존재 자체가 나의 생명의 모델이며 내 상상력의 원천입니다. 어머니 등에 업혀 등 뒤에서 바라본 세상, 그것이 내 문학의 원천입니다.

'흙 속에 저 바람 속에' 책을 읽다 보면 선생님의 날카로운 비평적 시각 너머에 민족을 바라보는 어떤 '측은함'이라고 할까 '연민'이라고 할까.... 저에게 그것은 아버지의 마음, 부성애(父性愛)로 다가왔습니다. 우리가 살고 있는 현대를 아버지의 상실 시대라고 하는데 최근에 발표하신 시(詩) '도끼의 노래'가 바로 잃어버린 아버지를 되찾고자 하는 선생님의 염원이 담긴 노래라고 생각합니다.

내가 남자고 아버지이기 때문에 '도끼의 노래'라는 시를 쓴 것입니다. 어머니가 자식을 낳는 것은 생물학적 관계입니다. 그러나 아버지는 추상적입니다. 생물학적으로 자식은 어머니의 분신이지만 아버지는 항상 현실에서 곁가지로 존재합니다. 다른 말로 표현하면 부자(父子) 관계는 메타포(隱喩)입니다. 전혀 다른 것인데 같다고 생각하는 것이지요. 모자(母子) 관계는 문학에서 환유(換喩)라고 볼 수 있어요. 오늘날 은유는 없어지고 환유만 남았다는 말인데 아버지는 생명의 큰 하나의 곁가지라고 할 수 있어요.

생명의 둘레에서 끝없이 흘러가는... . 그것이 문화이며 문명인 것입니다. 문화, 문명이 없어지면 아버지는 없어집니다. 옛날에는 어머니들에게 아버지가 필요했습니다. 모든 짐승은 어미가 새끼를 낳자마자 새끼가 일어나 걷습니다. 그러나 사람은 일 년 동안 고개도 제대로 못 돌려요. 그러니까 어머니가 완전히 옆에 붙어 있어야 돼요. 어떤 생물이고 어미는 새끼를 낳아 놓고 밖으로 먹이를 찾으러 갑니다. 인간만이 아기를 놓고 먹이를 구하러 가지 못해요. 그래서 아버지가 꼭 필요했습니다. 이제는 여자 혼자서도 얼마든지 키울 수 있는 시대가 되어서 아버지가 별로 필요 없는 사회가 되었지만, 이 시대에도 아버지는 필요합니다. 우리들은 집을 상실했어요. 하우스(House)는 있지만 홈(Home)은 없어요. 아버지의 손을 다시 꼭 잡을 때, 집으로 어머니 곁으로 돌아갈 수 있음을 노래한 것입니다. 아버지가 돌아왔다는 것은 문화, 문명의 회복이며 법과 질서의 복귀입니다. 내가 쓴 '흙속에 저 바람 속에' 책에 시적인 마인드가 있다면 그것은 아비 노릇을 제대로 못한, 우리들의 조국 어머니의 땅을 아비들이 지키지 못했기 때문에 남들에게 함부로 짓밟히고 가난에 짓밟히고 폭력에 짓밟혔던 모국에 대한 슬픈 눈물이었습니다. 지금도 그 눈물은 마르지 않았어요. '도끼의 노래'는 남자의 서정(抒情)을 갖고 아버지의 화자(話者)로서 남성의 말투로 우리의 슬픔을 노래한 시(詩)입니다.

지난해 11월 서울대 교수 회관에서 개최되었던 '이어령 교수 글쓰기 50주년 기념 세미나' 에서 "예전에는 독사진 속의 내 얼굴이 커 보였는데 지금은 여러 사람 속의 내 얼굴이 더 커 보인다."라고 하신 말씀을 들었을 때 제 가슴이 따뜻해지는 것을 느꼈습니다.

지금까지 나는 개인주의자였고 집단을 믿지 않는 사람이었어요. 남들과 어울릴 때 내가 증발된다는 생각이 들었고 그 사람들의 평균치적인 얼굴로 바뀌었을 때 내가 상실되는 것 같았기 때문입니다. 약해서 그랬겠지요. 그런 생각이 들었기 때문에 사진을 찍어도 항상 독사진이고 남하고 어울려 찍으면 멋쩍고 그랬어요. 늘 개인을 토대로 생각했었고... . 소설은 역사의 한 개인의 얼굴을 통해 얘기하는 것이지요. 그러니까 예술 하는 사람들은 어떤 의미에서 독사진 찍는 사람들이고 그것이 오리지널리티(originality), 독창성이라는 것이지요. 그런데 살다 보니까 내 언어가 내가 만든 말이 남들이 다 쓰는 말이고 내가 호흡하는 이 공기가 남의 폐 속에 들어갔다 나온 것이에요. 내가 아무리 이게 '나'다고 해도 그 말은 끝없이 타자(他者)에 의해 규정되는 것입니다. 내가 남에게 어떻게 제대로 이해되겠어요? 진짜 나라는 것은 나인지 남에게 비친 그 내가 나인지 자신이 없어지는 거예요. 어느 영화에서 영혼의 무게가 21그램이라고 했는데 영혼은 가볍기 때문에 쉐어(share)할 수 있어요. 그 사람의 영혼이 내 안에 들어올 수 있고 내 영혼이 또 누구의 영혼에 퍼지고 영혼은 울림을 가지고 바다처럼 커집니다. 21그램이 약하다고 하지만 21그램과 내 21그램이 부딪치면 42그램이고 여기에 모인 사람이 천 명이면 20,000그램이 넘고 책을 통해서는 몇 십만의 무게로 전 세계에 퍼집니다. 개인이라고 하는 한 영혼은 한없이 작고 가

벼우나, 단체 사진을 찍는 것처럼 남과 서로 영혼이 어울릴 때는 자기 얼굴이 너무 크게 나타납니다. 스피리추얼(spiritual)한 것을 모방하고 경쟁하고 활성화하는 그것을 삶이라고 할 때, 작가들이 독창성을 주장하면서 이것은 내 언어다, 내 것이다, 누구도 모방하지 못한다고 하지만 사실 그 소설, 그 시, 그 생각이 어떻게 순수한 내 것입니까? 끝없이 영혼들이 얽힌 하나의 결과로 나타내 준 것이지요. 진짜 깨달은 사람은 언어의 껍질을 벗겨서 나가는 사람인데 우리는 그냥 언어 속에서만 갇혀서 살고 있는 것은 아닌지요? 깨달음의 세계, 그 광명의 세계에서 보면 예술이라는 것은 티끌만 한 것이지요. 아무리 천하 없는 예술가라고 해도 그는 천인(天人)이지 부처가 아니에요. 생을 뛰어넘은 해탈한 자가 아닙니다. 그런 면에서 예술 자체에 대한 회의, 내가 해온 작업에 대한 회의가 들기 때문에 진짜 생명들이 쉐어링(sharing)하는, 예술까지도 넘어선 소위 해탈의 세계, 니르바나의 세계를 생각하게 되는 것입니다. 나는 종교가 없습니다. 그런데 살아 있을 때, 이 전체의 것을 마무리 짓는 나에게, 무엇인가가 결여되어 있는 것이 있었어요. 그것이 바로 종교가 아니었나 생각합니다.

선생님께서는 앞으로도 계속 시를 쓰시겠지요?

그동안 내가 해온 작품들은 순수한 시가 아니라 시에다 드라마를 합금시켰거나 소설이라는, 비평이라는 철(鐵)의 언어에다 합금시킨 것이었어요. 대개 평론이라는 것은 에디토리얼 위(Editorial We)라고 해서 '나'도 아니고 '우리'라는 입장이거든요. 항상 객

관적 기준을 따릅니다. 그러나 시(詩)는 자기 이야기, 자기가 생각하고 있는 것을 토로하는 것입니다. 비평은 공적인 언어를 다루지만 시는 아주 사적인 언어지요. 시의 언어라는 것은 극단적으로 말해서 매매될 수 없는 사전(私錢), 개인이 만든 돈입니다. 공공언어(公共言語)를 가지고 쓰는 것이 아니기 때문에 잘못 쓰면 위조지폐를 만들게 되지만 잘 쓰면 순도 99.999%의 금화를 만들 수 있어요. 거의 100%라는 것인데 지금까지 나는 금을 넣어 가지고 동(銅)하고도 합금(合金)시키고 철(鐵)하고도 합금시켰는데 이제는 순도 99.999짜리 한국은행 금고에 있는 금궤, 금반지 금시계, 금목걸이 그런 것이 아닌 순금의 골든바(Golden Bar)를 만들어보고 싶어요. 순수한 금(金)의 언어, 시의 언어로 순도(純度) 99.9999 %의 시를 쓰고 싶습니다.

　인터뷰를 하면서 '사람은 누구나 다 시인이 되고 싶어 한다.'라는 제목을 정해준 이어령 고문. 순정(純正)한 시 한 편, "사람들의 가슴 속을 풍금처럼 울리게 하는 아름다운 시 한 줄"을 쓸 수 있도록 허락해 주시길 기도하는, 그 간절한 마음을 나는 이해할 수 있었다. 내 안에도 하나의 마음이 시가 되어 별처럼 빛나고 있기에... .

교수, 작가, 전 문화부 장관, 중앙일보 고문, 2006년 12월

황병기

"여보세요?"

전화를 걸었다. 누군가를 만날 때면 언제나 그랬던 것처럼.

처음에는 어떤 여자의 목소리가 들려왔다.

"누굴 찾으세요?"

"황병기 선생님 계십니까?"

"잠깐만 기다리세요. 여보, 전화 받으세요. 당신 전화예요."

'아내 한말숙 소설가인가보다.' 라고 생각하고 있을 때

"네, 전화 바꿨습니다."

차분히 가라앉고 안정감이 느껴지는 남자 목소리가 들렸다.

"어떻게 오지요? 차로 오나요?"

"전철을 타고 가려고 합니다."

"5호선을 타고 충정로역에서 내려 8번 출구로 나오세요.

마을버스 정류장에서 오거리 방향으로 가는 버스를 타고

경기대학을 지나 오거리에서 내리세요... .

딴생각은 말고 내가 알려준 대로만 따라오면 됩니다."

한 번도 만나 본 적이 없는 사람에게 처음 전화를 걸 때 느끼는

약간의 불안함과 긴장감이 수화기를 통해 들려오는 목소리에

귀를 기울이면서 점점 사라지기 시작했다.

목소리에서 느껴지는 편안함 때문일까?

오는 길을 아주 면밀하고 상세하게 알려 주는 자상함 때문일까?
수화기를 내려놓을 때 서대문구 북아현동 황병기 선생의 집으로 가는
길이 환하게 열리는 것 같았다. '최초'와 '거장'이라는 수식어가 늘 따
라붙는 가야금의 명인을 만나러 가는 길은 이렇게 반가움과 설렘으로
한 다발의 꽃송이들을 품고 가는 환희(歡喜)의 길이 되었다.

고은별 선생님과 가야금과의 인연이 어떻게 맺어졌는지 궁금합니다.

황병기 제가 재동초등학교에 다닐 때 방과 후에 모든 학생이 무
엇인가 특기를 배우게 되었어요. 그때 내가 합창반에서 노래를
했는데 음악에 관심이 많았지요. 중학교에 들어가면서 마음속
으로 악기 하나를 배워야겠다고 생각했습니다. 중학교 3학년 때
6·25 전쟁이 일어나서 부산으로 피난을 갔는데 천막에서 공부를
했어요. 피난 학교 근처에 고전무용 학원이 있는데 우연한 기회
에 그곳에 세 들어 사는 김철옥(金喆玉) 할아버지가 연주하는 가
야금 소리를 생전 처음 듣고 매혹당했습니다. 그래서 아무 목적
없이 그냥 그 소리가 좋아서 가야금을 배우기 시작했습니다. 대
학에서 법대를 졸업했지만, 가야금이 좋아서 매일 항상 연습했습
니다. 74년 내가 서른여덟이었을 때 이화여대에서 국악과 과장
을 맡아 달라는 제안을 했습니다. 그때 며칠 생각을 했고 내 스스
로가 음악을 버릴 수 없는 사람이라는 것을 깨달아 그때부터 음
악만 하자고 결심했습니다. 그 이후로 지금까지 오직 음악만 하
고 살고 있습니다.

음악을 오래 하신 삶은 어떠신가요? 행복하신지요.

행복하다, 행복하지 않다는 것을 생각하지 않아요. 그냥 사는 것
이지요. 뭣 하러 생각을 해요. 그렇게 되었다는 얘기지요. 행복할
것도 없고 행복하지 않을 것도 없고... . 그렇게 살아왔고 앞으로
도 그렇게 죽을 때까지 살고 싶어요.

음악의 본질이 무엇이라고 생각하십니까?

나는 그냥 좋아서 음악을 하게 되었습니다. 음악가로 이름이 나
려고 한 것도 아니고 순수하게 음악 자체가 좋아서 한 것입니다.
음악의 기능이 다양하지만 나는 오락으로써의 음악은 하지 않습
니다. 하고 싶지도 않고요. 영혼을 쓰다듬는 음악을 하고 싶고 앞
으로도 사람들이 전심전력을 다해 들을 수 있는 음악을 하고 싶
습니다. 나의 첫 번째 음반이 1965년 미국, 하와이에서 나왔는
데 음악 비평잡지인 하이 파이브 스테레오 리뷰 (Hi Five Stereo
Review)에서 '하이 스피드 시대에 살고 있는 현대인의 정신을
해독시켜 주는 음악이다.'라고 평했습니다. 내 인생을 걸고 싶은
음악은 바로 이런 것입니다.

국악계에도 조금씩 변화가 일고 있지 않습니까?

그렇습니다. 주로 오락용 음악이 주류를 이루고 있지요. 그것이
싫다는 것은 아니지만 나는 오락용 음악은 하지 않습니다. 내가

전통음악 작곡과 연주를 병행하는데 연주자로서 전통음악을 좋아합니다. 황병기류 가야금 산조는 한 곡이 70분입니다. 그것을 나는 작곡했다고 하지 않아요. 전통적으로 우리는 음악이 어느 한 사람의 작품이라는 생각을 하지 않았습니다. 우리나라에서 예술에 있어서는 누구누구 작(作)이라는 개념이 없었어요. 작품을 만드는 사람이 그냥 만들 뿐이지 내 작품이라고 해서 만드는 것은 아닙니다. 그냥 아름다우면 되는 것이지요. 인도에서도 고대(古代)의 시인들이 아무리 아름다운 시를 썼더라도 자신의 이름을 밝히지 않았다고 합니다. 그냥 아름다우면 됐지요. 누가 만들었나 하는 것을 알 필요가 없다고 생각했던 것이지요. 예술품이 누구의 작품이라는 개념은 서양의 사고방식입니다.

새로 나올 앨범 5집에 들어갈 작품 중에 낙도음(樂道吟)이란 것이 있습니다. 고려시대 이자헌이라는 사람이 음악으로 높은 자리에 있다가 벼슬을 버리고 강원도 청평산에 들어가서 일생 동안 거문고만 하다 죽었는데 그 사람이 쓴 시 중에 낙도음(樂道吟)이라는 시가 있습니다. 자기에게 거문고가 좋은 것이 있어 한 곡조 타도 무방하겠지만 알아들을 사람이 너무 없구나 하는 내용의 시입니다. 그러니까 거문고를 타지 않겠다는 뜻이지요. 그 시에서 영감을 받아 작곡한 것입니다. 나는 제일 즐거운 것이 내 방 안에서 스스로 가야금을 타는 것입니다. 아무도 내 음악을 들어주지 않아도 좋습니다. 내 스스로 음악회를 열어 관객들이 와 주기를 바라지는 않습니다.

대부분의 사람들은 자기의 것을 다른 사람과 나누고 싶고 내 음악을, 내 노래를 여러 사람에게 들려주고 싶어서 음악회를 엽니다.

요즈음 맛있는 청량음료가 많이 있습니다. 사람들이 즐겨서 사 먹지만 사람들의 마음속에는 인공적으로 어떤 맛도 내지 않은 깊은 산 속의 샘물을 마시고 싶은, 청량음료가 아닌 순수한 물을 마시고 싶어하는 마음이 있거든요. 나는 그런 음악을 만들고 싶습니다. 순수한 물 같은 음악을 좋아하는 마니아들이 있습니다. 나는 그런 소수의 마니아들을 위해 존재한다고 할 수 있습니다.

은은하게 달빛이 비치는 한옥(韓屋)의 아늑한 방 안에 촛불이 켜져 있고, 동양란(東洋蘭) 꽃잎의 향이 깊고 그윽할 때, 선생님의 가야금 소리를 들으면 모든 것이 하나되어 어우러지는 아름다움을 느낄 수 있으리라 생각합니다.

내 음악에 대해서 수필가가 글을 써서 수상(受賞)까지 한 것도 있고 시를 쓴 분도 있고 화가들도 내 음악을 듣고 그림을 그린 적이 있습니다. 2004년 미국 서부 지역 산타 크루즈라는 곳에서 공연을 했을 때 캔디 빌이라는 원로 무용가가 작곡가인 남편과 함께 연주를 들으러 왔습니다. 산타 쿠루즈라는 곳이 봄 여름 약 6개월간 비가 오지 않아요. 그러다가 10월 말이나 11월 초에 첫 비가 내리는데, 그 부부가 첫 비가 오는 날에, 35년 동안 한 해도 거르지 않고 내 음악을 들었다고 합니다. 65년 하와이에서 나온

LP 음반에 수록된 '가을'이라는 곡을 들었다고 해요. 그 말을 듣고 무척 감동했습니다.

최근에 유럽과 일본에서도 연주하셨다고 들었습니다.

2006년 2월부터 6월까지 런던, 파리, 니스에서 공연을 했고 12월에는 일본에서 국립국악관현악단과 함께 연주를 했습니다. '한영 상호 방문의 해' 개막식 행사로 런던 공연이 이루어졌고 프랑스 파리 공연은 베르사이유 궁전에서 상연되었습니다. 일본 공연 '한일 문화 교류의 밤'에서는 일왕의 차남인 아키시노 노미야(秋篠宮)의 비(妃) 기코(紀子) 왕자비가 그해 9월 6일 고대하던 아들을 출산한 후 처음으로 공연에 참석해 공연장에 모인 사람들이 모두 일어나 기립박수를 할 정도로 열렬한 환영을 받았습니다. 공연이 끝나고 기코 왕자비는 단원들을 만나 연주자 한 명 한 명에게 질문을 하고 느낀 점을 말해 주며 우리 음악과 한국 문화에 깊은 관심을 보였습니다. 일본 공연을 가기 전에 이미 공연장 좌석이 매진되었고 웨이팅 리스트(waiting list 대기자 목록)가 100명이 넘었습니다. 홋카이도(北海島)에서도 공연을 보러 오는 사람들이 있을 정도로 대성황이었습니다. 우리 음악에 뜨겁게 환호하는 모습을 보니 기쁘고 흐뭇했습니다.

선생님은 국악을 하는 젊은이들에게 희망을 주는 존재입니다. 홈페이지(www.bkhwang.com)에 들어가 방문자들이 남겨 놓은 글들을 읽어 보았는데 가야금을 열심히 해서 선생님같이 되고 싶은 학생들이 많았습니다. 꿈을 가진 젊은이들에게 전해 주고 싶은 말씀이 있다면... .

자기가 정말로 하고 싶은 것을 좋아서 하면 그것으로 충분합니다. 자기가 하는 일을 좋아서 하면 인생도 즐겁고 진짜 내면의 힘이 나오는 것이니까요. '아는 것보다 중요한 것은 좋아하는 것이고 좋아하는 것보다 중요한 것은 즐기는 것이다.'라는 말이 〈논어〉에 나오지요. 잘 해야겠다는 마음도 버리고 그냥 즐기면 되지요. 그러면 그 안에서 힘이 나옵니다.

한 시간 정도 시간을 낼 수 있다는 말씀을 듣고 4시에 찾아갔는데 이야기를 나누다 보니 6시가 다 되었다. 아래층에서 식사 준비가 끝났다는 소리가 들려와서 서둘러 인사를 하고 나왔다. 현관에 화분이 놓여 있고 직경이 30㎝ 정도 되어 보이는 바위 하나가 있는데 가운데서 퐁퐁 물이 솟아오르고 있었다. 바로 그 옆 투명한 화병 속에서 한 아름의 화사한 진분홍 꽃들이 환하게 웃으며 "안녕!" 하고 손짓하는 것만 같았다.

가야금의 명인, 2007년 1월

안병욱

 망구(望九)의 나이에도 불구하고 안병욱 교수의 눈빛은 형형했다. 목소리도 여전히 힘이 넘쳤다. 연세대 김형석 교수와 더불어 강연가, 교수, 저술가로 젊은이들에게 꿈과 희망을 주며 그 시대의 지성을 대표했던 안병욱 교수. 27년 전 대학로 흥사단 강당에서 처음 안병욱 교수의 강연을 들었던 기억이 떠오른다. 당당한 풍채, 청중의 마음을 사로잡는 자신감이 넘치는 힘찬 목소리, 확고한 신념과 명확한 비전 제시... . 안병욱 교수가 강연하는 날의 흥사단 강당은 언제나 사람들이 가득 찼다.

안병욱 금년에 여든일곱입니다. 팔십이 되면 망구(望九)라고 해요. 구십이 되면 망백(望百)이라고 합니다. 건강 관리 열심히 해서 백세를 바라보며 산다는 뜻이지요. 지금까지 꾸준히 노력해서 살아왔고 앞으로 구십을 바라보며 살고 있지요. 해방될 때 내 나이가 스물다섯이었어요. 생애의 삼 분의 일을 일제 강점기 때 살았습니다. 나쁜 영향을 많이 받았지요. 한국이 살아온 역사는 외침과 저항의 역사입니다. 일곱 번 가까운 큰 전쟁과 외침을 받았고 지배를 받았지만 우리 민족은 끈질기게 저항하며 우리들의 관습, 전통, 문화를 지켜 왔습니다.
외국 사람들은 한민족의 정신력이 강한 것에 놀랍니다. 해방 후,

세계 제2차 대전 이후 서양의 자본주의 침략 세력으로부터 독립한 나라가 140개 국가입니다. UN에서 조사한 바에 의하면 그 독립 국가 중에서 정치적으로 사상적으로, 경제적으로 제일 발전한 나라가 우리나라입니다. 1962년 박정희 대통령이 경제개발 5개년 계획을 시작했어요. 1965년에는 1억 불 수출 계획을 세웠고 1977년에 100억 불 수출, 1인당 GNP가 1,000달러를 기록했지요. 현재는 수출이 2,500억 불이나 됩니다. 한국은 세계 공업 국가, 무역 국가로 성장했습니다. 이제 우리는 민족적 자신감을 가져야 합니다. 한민족의 생활력, 경쟁력, 성취력, 협동력은 대단한 것입니다. 한국 민족은 성공한 민족입니다. 도산 선생님도 우리 민족은 근본이 우수한 민족이라고 말씀하셨습니다.

아직도 열등적 자아관에서 벗어나지 못한 사람들이 있습니다.

우리나라 사람들이 우리 한국 사람을 너무 부정적인 시각에서 바라봅니다. 일본이 한국을 침략한 후 제일 먼저 착수한 작업이 한국 사람에게 열등적인 민족관, 열등적인 전통관, 열등적인 역사관을 심는 것이었습니다. 그때 나타난 사상이 엽전 사상입니다. 아무 가치가 없다는 것을 심어준 것입니다. 자기가 자신을 우습게 생각하는 병에 걸려 있습니다. 세계 올림픽을 개최한 나라가 20개국이 안됩니다. 삼성이 전자제품에서 일류로 발돋움했어요. 자기 멸시, 열등감, 패배감에서 벗어나 민족적인 사명감, 자신감, 생동감을 가지고 살아가야 합니다. 과거의 부정적인 시각에서 벗어나 내가 나를 보는 눈을 긍정적인 자아관을 가지고 바라봐야 합니다. 민족적인 열등감에서 벗어나 민족적 자존심을 회복하는 일이 무엇보다 중요합니다. 눈을 크게 뜨고 가슴을 펴고 허리를 곧추세워 걸음걸이도 힘차고 당당하게 걸어야 합니다.

일부 젊은이들 중에 일본 문화를 막연히 동경하고 무분별하게 모방하는 현상이 두드러지게 나타나고 있습니다.

우리는 일본에 대해 저항적 자세가 필요합니다. 우선 주인의식을 가져야 합니다. 자아의 주인, 내 운명의 주인, 가정의 주인, 직장의 주인, 자기 마을의 주인이 되어야 합니다. 자기가 주인이 되기 위해서는 독립 정신, 책임 정신, 개혁 정신이 필요합니다. 그리고 자기 혁명이 있어야 합니다. 내가 나부터 바꾸어야 합니다.

도산 안창호 선생님께서도 늘 인격을 강조하셨습니다. "네가 나라를 사랑하느냐? 그러면 먼저 훌륭한 인격이 되어라."고 말씀하셨지요.

먼저 스스로 깨달아야 합니다. 훌륭한 사람을 보고 그렇게 되려고 노력해야지요. 자기 개혁을 해야 합니다. 케네디는 비전을 가진 대통령이었습니다. 케네디가 우리는 역사의 제물이 되지 말고 역사의 주인이 될 수 있도록 새로운 결단을 하자고 했습니다. 한국 사람들도 새로운 결단을 해야 합니다. 케네디는 역사가 우리에게 네 가지 질문을 던진다고 말했습니다. 우리가 그 질문에 "네!"라고 대답할 수 있도록 살아가자고 했지요.

당신은 지혜로운 사람이었나?

당신은 용감한 사람이었나?

당신은 성실한 사람이었나?

당신은 헌신한 사람이었나?

한국 사람이 지금부터 해야 할 일은 자기 인격 혁명입니다. 새 정신, 새 가정, 새 사람이 됩시다.

요즈음 여성계에서는 양성평등 부부라는 말을 자주 사용합니다. 어떻게 생각하시는지요?

나는 '상호 협동 부부'라는 말로 표현하고 싶습니다. 부부가 서로 협동해서 살아가야 조화를 이루며 살 수 있습니다. 이 세상에는 세 가지 종류의 사회가 있습니다.

정글 사회 - 폭력과 투쟁의 사회입니다.

스포츠 사회 - 공정과 경쟁의 사회입니다.

심포니 사회 - 모든 악기가 각각 제 소리를 내되 전체가 조화를 이루고 협동이 이루어지는 사회입니다.

우리 사회가 심포니 사회가 되도록 노력해야지요.

우리의 근본 과제는 저마다 인격 수준, 정신 수준, 교양 수준, 도덕 수준을 끌어올리는 것입니다.

안병욱 교수의 서재에는 많은 책이 꽂혀 있었다. 수많은 책 사이에는 링컨, 도산 안창호, 춘원 이광수, 마하트마 간디, 슈바이처, 톨스토이의 사진이 놓여 있었다.

誓海魚龍動 바다에 맹세하니 용과 물고기도 감동하고
盟山草木知 산에 맹세하니 산천초목도 내 뜻을 아는 도다.

안병욱 교수의 붓글씨 (충무공이 나라를 위해 목숨을 바치기로 다짐하면서 쓴 글)를 보고 있노라니 작년에 인기리에 상영되었던 TV 드라마 '불멸의 이순신'을 보았을 때의 감동이 되살아났다.
"나의 죽음을 적에게 알리지 말라."는 한 마디를 남기고 적군의 총탄에 맞아 장엄하게 전사하는 이순신 장군의 모습이 어른거렸다.
죽음 앞에서 거룩할 수 있었던 영웅의 모습이었다.

교수, 철학자, 강연가, 2007년 3월

장민호

우리나라 연극 역사의 산증인이며 많은 사람의 기억 속에 한국을 대표하는 진정한 연극배우로 존재하는 원로 장민호 선생. 명배우라는 칭송을 받으며 오랜 세월 동안 국립극단 주역으로 수많은 작품에 출연하여 관객들에게 감동을 선사한 장민호 선생을 비가 내리는 5월 마지막 화요일에 장충동 국립극장 극단 사무실에서 만났다.

장민호 선생을 바라보노라면 시골 마을 입구에서 고향을 지키고 있는 당산나무를 보았을 때와 같은 거대한 느낌이 파도처럼 밀려온다. 깊이 있고 울림이 있는 목소리를 통해 들려오는 선생의 말씀 한마디 한마디에는 연극을 아끼고 사랑하며 소중히 여기는 대배우의 마음이 그대로 담겨 있었다.

고은별 몸은 좀 나아지셨습니까? 지난달에 전화 드렸을 때 감기에 걸리셨다고 해서 걱정했습니다.

장민호 지금은 많이 좋아졌어요.

청소년 시절부터 배우가 되고 싶으셨습니까?

그 시절에는 누구나 한 번쯤 배우가 되고 싶어 했을 거예요. 그런 생각을 하지 않았다면 목석이겠지. 목석이 아닌 다음에야 다 배우가 되고 싶어 했지. 나는 고향이 시골 황해도 신천이고 학교는 재령에서 다녔는데 유감스럽게도 두 군데 다 극장이 없었어요. 공연하러 왔다고 하면 천막치고 하는 것이 다였지. 요즈음은 사회가 발달되어서 연극영화학과가 많아졌고 배출하는 연극인들이 많은데 그 사람들이 다 어디에서 연극을 하느냐가 문제예요. 예전에 국립극단에 출연할 사람을 7~8명 뽑는데 오디션에 백사십 명이 넘는 사람들이 왔어요. 이 사람들을 다 수용해서 자기가 하고 싶은 작품을 편안하게 할 수 있게 해 주어야 하는데 우리 구조가 그렇지 못해요. 참 안타깝고 아쉬워요. 현재 우리 연극계를 바라보면 숫자는 많은 것 같은데 왜 이렇게 왜소해지고 작아지고 볼품없는 상황으로 접어들고 있는지... . 좋은 작품들을 규모가 크게 해서 기업에서 투자도 받아 전문성 있게 작품을 만들어야 하는데 연극은 아직 그렇게 하지 못하고 있어요. 영화를 보면 100억, 수십억을 들여 작품을 만들고 뮤지컬도 대형화되고 있는데 기초 예술인 연극이 모든 예술의 뿌리인데도 왜 그렇게 되지 못한지 안타까운 심정이지요. 내가 죽기 전에 연극계가 활성화가 되는 것을 보고 싶어요. 지금의 연극계 현실을 냉철하게 보고 원인을 분석해서 문제를 해결해 나아가야지. 전문성 있게 기획 제작하는 사람들이 나와야 하고 연출도 자기 자신만이 즐길 수 있는 작품이 아니라 관객들이 보고 만족할 연극을 만들어야 해요. 아무리 세계 명작을 하더라도 연출가 뜻에만 맞는, 하는 사람들의 기분에만 맞는 연극을 해서 귀한 시간을 내고 아까운 돈을 내서 연극을 보러 온 관객들에게 빚을 져서는 안 되지. 쉽게 얘기해서 "보이지 않고 들리지 않는 자기만 아는 연극은 그만해라. 예산이 없으면 아예 공연을 하지 마라. 하려면 제대로 계획을 세우고 제작을 해서 관객과 더불어 혼연일체가 되어 감동적인 작품을 만들 수 있는 예술적인 작품 행위를 할 수 있는 그런 공연만 하면 좋겠다"는 것이지. 이것이 정상적인 연극 작품 활동의 기본이 아니겠냐 하는 생각이에요. 그런데 우리는 무엇인가 소홀해지고 있고 잘못 가고 있는 것이 아닌가? 그래서 관객들에게 서운함을 주는 작품들이 만들어지고 있는 것이 아닐까 생각해요.

연극은 현장에서 직접 이루어지는 현장 예술이기 때문에 '가장 중요한 요소인 관객', 연극을 보러 오신 분들에게 즐거움을 주고 감동을 줄 수 있는 작품이 생산되어야 하지 않겠느냐는 것이지. 유명한 고전들, 세계적인 명작, 희랍 비극이나 셰익스피어의 작품들을 무대에 올릴 때 과연 관객들이 그것을 옛날 그대로 하는 것을 보고 즐길까요. 그 고전을 근본으로 해서 지금 현실의 관객들이 만족하고 공감할 수 있는 작품으로 만드는 창의력이 있어야 하지 않을까 생각해요. 이 시대 지금의 관객들 정서에 맞는 연극을 만들어야 한다는 말이지요. 언제나 연극은 관객이 주인이라는 생각을 해야 해요. 현대에 맞는 햄릿을 하고 현대에 맞는 괴테의 파우스트를 해야지 원작 그대로를 하면 지루해서 못 봐요. 현대 관객의 취향에 맞게 감동을 불러일으키고 같이 즐길 수 있는 작품을 올려야 해요. '현대 시민들이 보고 즐기고 감동 받을 수 있는 그런 연극'을 만드는 것이지. 그렇다고 해서 너무 지나치게 명작의 기본 틀을 부숴 버리는 것은 문제가 있고.

선생님을 뵈면 배우로서 '당당함', '의연함', 예술가다운 어떤 '기품'이 느껴져 옵니다.

그건 당연한 것이 배우는 그 나라 그 시민의 모범적인 인간이기 때문이에요. 도의적인 면이나, 외모의 차림새나 모든 면에서 이 나라의 시민을 대표하는 사람이 연극인이지. 그러니까 생각과 말과 행동이 남들에게 모범이 되어야 해요. 아무리 관객들이 없다고 해도 연극이 천박해져서는 안 돼요. 오락적인 연극을 만들었다고 해도 거기에는 연극다운 품위가 있어야지요. 연극은 품위의 예술이고 인격이 있는 예술이니까요. 연극배우에게 연기력도 중요하지만 가장 중요한 것은 인격이에요. 연기는 모방도 할 수 있고 창조할 수 있지만, 인격은 모방할 수 없어요. 우선은 인격자가 되어야 해요. 연극배우는 그 나라의 대표적인 시민이고 대표성을 띨 수 있는 국민이에요. '그 나라의 문화를 보려면 극장에 가서 한 편의 연극을 보라. 그러면 그 나라 국민의 문화 수준을 알 수 있다'는 말이 있잖아요? 연극은 학식이 있고 인격이 있고 품위 있는 사람들이 하는 것이에요.

이렇게 인격을 갖춘 분들이 모여서 작품을 할 때 '예술'이 탄생하는 것일까요?

돈벌이보다도 인기보다도 "아아, 정말 이것이 예술이구나!" 하는 것을 선택하는 것이지. 나이가 들수록 이것을 해서 후배들에게 길을 열어 주어야겠구나, 가르쳐 줘야겠구나 하는 사명감을 갖게 돼요. 영화를 해서 돈을 벌고 TV도 해서 인기도 얻고, 배우는 다 해야지. 그렇지만 연극만은 함부로 하는 것이 아니에요. 귀중하게 해야지. 왜냐하면 현장에서 같이 이루어지는 예술이니까. 연극에서는 실수라는 것이 있을 수가 없어요. 연극에서는 '다시'라는 것이 없으니까. 아주 냉엄하고 현실적인 작품행위에요. 용의주도하고 철저하게 준비하고 거기에 임하는 사람들의 인격과 품위와 모든 것이 빈틈없이 이루어졌다 하더라도 현장에서 관객과 같이 이루어지는 작품이기 때문에 항상 변수가 따르지요. 자기가 완전무결하게 연기했다고 생각했는데 상대방이 실수를 했다거나, 바로 호흡을 채워야 하는데 그렇게 하지 못했다거나, 흥분해서 너무 빨리 오버랩으로 넘겼다거나, 객석에서 잡음이 들렸다거나, 라이트가 나갔다거나 효과가 잘못되거나 할 때도 결코 다시 할 수가 없어요. 그래서 늘 무엇인가 아쉬움이 남는 것이 연극이지요. 그렇기 때문에 항상 관객에게 빚을 지고 있다는 생각이 들어요. 다른 예술은 기록이 남지만 연극은 막이 내리면 어둠밖에 없는 소멸의 예술이에요. 소멸되기 때문에 매력이 있는 것이 아닐까? 연극은 '소중하고 아름다움이 있는 배우의 예술'이기 때문에 지금도 시간 가는 줄도 모르고 늙는 줄도 모르고 이렇게 연극을 하고 있어요.

대선배로서 후배들에게 해주고 싶은 말씀이 있다면... .

너무 외형적인 연기에 치우치지 말고, 인기와 금전에 대해서 너무 서둘러서 거기에 빠지지 말고. 인격을 갖춘 연기자로서 예술가로서 대접받을 수 있는 행위, 그러한 위치에까지 가기 위해서 자기 자신을 얼마나 혹독하게 단련시켜야 하느냐 말이지. 그런 것이 다 이루어졌을 때 비로소 '예술가'로서 사회로부터 동료들로부터 존경을 받을 수 있지 않겠는가? 나 스스로가 '존경받는 선배가 되고 존경받는 후배'가 되어야 해요.

선생님은 주인공 역을 많이 맡으셨고 명배우라는 칭호를 받으셨습니다. 후배들도 선생님을 존경하고 있고요. 배우로서 축복받은 분이라고 생각합니다.

국립극장 3층에 가면 국립극단 57주년 기념으로 공연 기록들을 전시했어요. 개관 당시부터 지금까지의 공연 작품들이지요. 그것을 보고 다른 사람들에게 미안한 생각이 들었어요. 57년 동안 전부 다 내가 한 것 같아서. 그러면서도 한편 내가 저 많은 작품의 주인공 역을 거의 다 해냈는데 그렇게 어려운 상황에서도 어떻게 내가 저렇게 많은 역을 다 해냈나 하는 생각이 들어요. 스스로 대견스럽기도 하고 한편으로는 미안하기도 하고... .

선생님께서는 배우로서 평소에 어떤 수련을 하고 계시는지요?

목이 쉬지 않도록 하고 몸 자체가 외형적으로 흐트러지지 않게 노력해요. 배우는 생김새나 목소리나 모든 것이 '평범하고 자연스러운 것'이 좋다고 생각해요. 그 대신 작중 인물을 창조했을 때는 그만이 할 수 있는 개성이 있어야지. 외향적인 모습이 너무 개성적이면 그 역할에 적합한 것밖에는 할 수가 없어서 작품 활동에 폭이 좁아져요. 정말로 좋은 조건의 배우라면 평범하고 무난한 것이 좋아요.

공연하신 많은 작품 중에서 특별하게 기억에 남는 작품이 있다면 어떤 것입니까?

명동 국립극장 개관 공연, 세종문화회관 개관 공연, 장충동 국립극장 개관 공연 작품의 주인공을 한 것이 기억에 남아요. 사람들이 나를 모질지 않고 선하고 착하다고 느끼기 때문에 다양한 작품에 출연할 수 있었던 것 같아요. 항상 '백지상태'로 있었기 때문에 이것도 저것도 다 무난하게 해내지 않았나 생각해요.

건강관리를 위해 무엇을 하고 계십니까?

산행을 자주 하고 골프도 좀 하고. 담배를 피우지 않아요. 후배들에게도 담배를 피우지 말라고 하는데… . 스트레스가 쌓이고 작품이 잘 안 풀릴 때도 건강을 생각해서 담배를 피우지 말아야지. 시간이 있으면 벗들과 더불어 담소하고 즐겁게 지내요. 나는 공연이 끝나면 출연진들과 함께 약주를 마시면서 다 씻어 버려요. '풀어 버리고 지워 버리는 것'이 가장 중요합니다. 물들어져 있지 않도록 지워 버리는 것. 백지상태로 있는 것이 중요해요.

원로 배우, 2007년 6월

109

프랑소와즈 티에보

 청명한 하늘에 노란 은행잎들이 바람을 타고 날아다니고 낙엽 따라 가을이 깊어 가는 요즈음입니다. 가을에 어울리는 음악은 역시 샹송입니다. 이브 몽땅의 〈고엽〉이나 에디트 피아프의 〈사랑의 찬가〉가 은은하게 들려오는 분위기 좋은 카페에서 로즈마리 향의 따뜻한 차 한 잔을 함께 마실 수 있는 친구가 있다면 이 가을이 그렇게 쓸쓸하게만 느껴지지는 않겠지요?

 프랑스 익스프레스 축제가 한창인 10월 어느 날, 프랑소와즈 티에보 주한 프랑스 대사 부인을 합동 대사관저에서 만났습니다. 빨갛게 물든 단풍나무가 눈이 부시도록 화려한 프랑스 대사관저의 정원에는 다가가 앉고 싶은 벤치가 정겹게 자리하고 있었습니다. 부드러운 웨이브의 짧은 머리가 잘 어울리는 대사 부인은 옷섶에 바늘땀이 보이는 밤색 정장을 하고 진주 목걸이로 우아함을 표현하여 단정하면서도 차분한 인상을 풍겼습니다. 잔잔한 미소를 머금고 상대를 바라보는 눈빛이 부드러웠습니다.

고은별 환기 미술관에서 처음 만났을 때 부인께서는 제게 좋은 인상을 주었습니다.

프랑소와즈 티에보 감사합니다. 환기 미술관에서 프랑스 화가들의 작품이 전시되곤 하는데 자주 가서 관람하는 편입니다. 예술에 대한 조예가 깊은 것은 아니지만 아마추어 입장에서 그림을 좋아합니다.

우리나라에서 프랑스 문화는 미국 문화에 비해 그렇게 대중적이지 않고 소수의 엘리트 문화라는 인식이 보편적인데요.

미국 문화는 전 세계에 퍼져 있고 프랑스에서도 미국 문화가 널리 알려져 있습니다. 전 세계적인 현상이지요. 작년이 한·불 수교 120 주년이었고 다양한 행사가 있었습니다. 루브르 박물관 미술전, 오르세 미술전, 모네 전을 비롯해서 여러 전시회가 열렸는데 호응도가 높았고 관람객들도 많았습니다. 한국 사람들도 프랑스 문화에 깊은 관심을 기울이고 있다고 생각합니다. 2008년에는 퐁피두 센터의 보브르 미술관에 소장되어 있는 현대 작가들의 그림을 서울의 시립미술관에서 전시할 예정입니다. 프랑스 공연이 있거나 한·불 합작 공연이 열릴 때 보러 가면 젊은이들이 많이 와 있는 것을 봅니다. 한국의 젊은이들이 프랑스 문화에 대해 관심을 갖고 좋아하는 것을 보고 놀랐습니다.

프랑스 문화원에서 기자회견을 할 때 필립 티에보 대사의 말이 마치 시처럼 들렸습니다. 언어가 갖고 있는 시적인 아름다움을 느꼈는데 프랑스에서는 모국어 교육을 어떻게 하고 있는지 궁금합니다.

프랑스 사람들은 모국어를 굉장히 사랑합니다. 그러나 모국어를 사랑한다고 해서 다른 나라 말을 무시하는 것은 아닙니다. 오히려 다른 언어들을 많이 배워야 한다고 생각합니다. 아이들이 어릴 때 책을 많이 읽어 주었습니다. 좋은 책을 여러 번 반복해서 들려주었습니다. 아이들이 그 책을 좋아하면 여러 번 들어도 싫증 내지 않고 오히려 더 좋아하게 되는 것 같습니다. 프랑스에는 어린이 책들이 많이 있고 어린이들을 위한 잡지, 신문들이 발달되어 있습니다. 연령별로 다양한 종류의 어린이 잡지들이 있는데 정기 구독해서 자녀들이 읽도록 해 주는 부모들이 많고, 할머니 할아버지께서 일 년 정기구독권을 선물하는 경우도 있습니다. 저는 아이들을 키울 때 4~5세 될 때까지 집에 아예 텔레비전을 두지 않았습니다. 아이들이 책을 좋아할 수 있도록 하기 위해서지요. 시부모님께서는 시골에 살고 계신데 TV를 갖고 계시지 않아요. 아이들이 시골에 가서도 자연 속에서 마음껏 뛰어놀 수 있었습니다. 어릴 때 TV를 보여 주지 않은 것이 아이들의 집중도를 높이는데 도움이 되었다고 생각합니다.

프랑스에서의 인터넷 보급률은 어느 정도입니까?

유럽 국가 중에서는 프랑스가 1위입니다. 인터넷에서 정보를 많이 얻을 수 있어서 좋은 반면 어린아이들이 유해 사이트에 노출되는 부정적인 부분도 있습니다. 저의 경우에도 아이들과 떨어져 지내기 때문에 인터넷을 사용해서 이메일을 주고받습니다. 프랑스에서는 아무 내용도 없이 말만 많이 한다는 표현을 자주 쓰는데 이메일을 보낼 때 의미 있는 내용을 담아 보내려고 노력하고 있습니다.

한국에 오신 지 얼마나 되셨나요?

일 년 정도 되었는데 처음에는 파리와 서울을 왔다 갔다 했습니다. 서울에 와서 한국의 민속에 관심을 갖게 되었고 한국을 알면 알수록 더욱 좋아집니다. 한국 미술 중에서 추상화를 보면 작가의 깊은 내면세계가 느껴지고 김기덕 감독의 〈봄, 여름, 가을, 겨울 그리고 봄〉이나 임권택 감독의 영화를 보면 한국 사람들이 자연과 깊은 관계가 있는 것처럼 느껴지고 현재도 볼 수 있지만, 과거도 볼 수 있고 어떤 영원성이 느껴집니다. 프랑스 작가 몰리에르의 작품 〈귀족 놀이〉를 한국 연출가와 배우들이 조선시대 궁중음악을 사용해서 새로운 극으로 만들어 공연한 것을 보았는데 아주 인상적이었습니다. 프랑스적인 내용이었으면서도 완전히 한국적인 연극이었습니다. 프랑스에서도 공연되었는데 대단히 성공적이었습니다.
한복이 참 아름답습니다. 저도 한복을 입어 본 적이 있어요. 전통 의상 페스티벌 행사에서 피날레에 참가한 모든 사람이 한복을 입고 나왔습니다.

프랑스에 정기적으로 가서 공연하는 한국 극단이 있습니다. 이번 11월에도 파리에서 공연한다고 합니다.

내년에도 프랑스 익스프레스 문화 축제를 열 계획입니다. 한국과 프랑스 간의 문화 교류가 발전적으로 계속 이어지길 기대합니다.

프랑스 대사 부인, 2007년 11월

이성열

극단 백수광부 대표인 연출가 이성열 씨가 제9회 김상열 연극상을 수상했다. 다음 공연작 〈오레스테스〉 준비가 한창인 극단 여행자 연습실에서 만나 수상 소감을 들어보았다.

고은별 수상을 축하합니다. 소감 한마디... .

이성열 상을 받으면 좋지요. 무엇보다 이 상은 故 김상열 연출가의 연극 정신을 계승하자는 취지로 만들어진 상이라서 제게 의미가 깊습니다. 친근감도 느껴지고요. 직접 만나 얘기를 해본 적은 없지만 김상열 선생께서 연출하신 텔레비전 드라마 '수사반장'을 즐겨 보았고 '등신과 머저리', '애니깽' 등의 작품을 보았습니다. 양재동 신시컴퍼니 연습실에서 가까이에서 뵌 적이 있습니다. 아침 열 시였는데 이른 시간부터 연습을 하는구나 하고 생각했습니다.

연세대에서 역사학을 전공하셨는데 연극에 입문하게 된 계기가 있었나요?

중학교 때부터 영화와 드라마를 많이 보았습니다. 직업으로 할 생각까지는 없었는데 관심이 있었기 때문에 대학에서 극예술연구회에서 활동했습니다. 졸업을 하고 군대 가기 전까지 한 일 년 동안 극단 〈목화〉에 들어가서 스태프 일을 배웠습니다. 군대를 제대하고는 〈산울림〉에서 활동했습니다. 오태석 선생님으로부터 '연극은 놀이다.'라는 개념을 배웠습니다. 연극적인 미학이 놀이성에 근거하고 있다는 것이었죠. 오 선생님은 엄청난 상상력의 소유자입니다. 그 분의 상상력에 의해 모든 것들이 무한히 변형되는 것을 보고 놀랐습니다. 임영웅 선생님은 자유롭기보다는 엄격하고 모든 것이 절제되어 있는 분이시죠. 규칙적으로 일하고 근면 성실하고 어려움이 있으니 없으나 늘 한결같이 자기 길을 가는 장인의 모습이라고 할까요? 그분으로부터 텍스트를 읽는 법을 배웠습니다. 두 분 다 이루 말할 수 없이 열정적이고 성실하십니다.

역사를 공부하셨기 때문에 연극 연출하는데 도움이 된 부분이 있다면?

전 고등학교 다닐 때까지 신문을 안 보던 사람인데 역사학을 전공하면서 신문을 보게 되더라고요. 왜냐하면 시간이 지난 다음에 후대 사람들이 선대 사람들을 굉장히 많이 욕을 하더라고요. 샅샅이 조사해서 평가하고요. 그냥 살다가는 누구한테 욕을 먹을 수도 있겠다는 생각이 들었어요. 세상이 어떻게 돌아가는지 알아야겠다는 생각이 들었습니다. 그때부터 신문을 잘 읽게 되었습니다. 내가 지금 하는 작품이 후대에 어떤 평가를 받을 것인가에 관심을 갖게 되었습니다. 역사를 공부하면서 시간 개념이 통사적인 시간 개념을 갖게 되었고 역사의식을 갖게 되었어요. 지금 어떤 작업을 해야 하는지 좌표를 설정하는데 도움이 되었습니다.

극단 이름이 '백수광부(白首狂夫)'인데 공무도하가(公無渡河歌)에 나오는 사람이지요?

원래 공무도하가에서 술에 취해 강에 뛰어든 사람이 백수광부입니다. 그 사람을 떠올리며 극단 이름을 지은 것인데 백수들이 모여서 금광을 캐는 거냐고 생각하는 사람들이 많습니다.

'정밀한 사실주의와 격렬한 해체가 공존하는 낯설고도 진지한 무대'라고 논평한 것을 본 적이 있습니다. 극단 〈백수광부〉가 다른 극단과 차별화하는 것이 있다면 무엇입니까?

연우가 초창기 창작극, 사회 문제극을 하겠다고 시작했고 민예극장이 전통극, 민족극을 지향하고 있고 극단 76이 현대극, 아방가르드 극을 추구하면서 작품을 올렸습니다. 극단 여행자는 해외연극제를 겨냥하고 해외 진출을 목적으로 연극을 하는 집단입니다. 배우와 연출이 모여서 생활을 같이 하면서 작품을 하는 저희 같은 극단은 점점 줄어들고 있는 현상입니다.
60대 그룹에서는 〈목화〉와 〈미추〉밖에 남지 않았고 〈산울림〉은 배우가 없는 PD 시스템이니까 여기에 포함시킬 수 없고, 50대에는 〈연희단거리패〉 하나가 남지 않았나 생각합니다. 저희 극단의 특색이라면 오히려 이렇게 고루할 정도로 원래의 극단 형태를 고수하고 있는 것이라고 할까요? 수공업을 하는 사람들처럼 말이죠. 저희 극단은 처음에 비사실주의 연극을 많이 했습니다. 시집(詩集)을 가지고 주제별로 추출해서 옴니버스 형식으로 올린 작품도 있고, 극작가 故 임영선 씨의 'Kiss'라는 원작을 짜깁기하고 발췌해서 일상 사회생활 속에서 재구성한 작품은 대본 없이 저희들이 배우들과 함께 공동 창작한 것입니다. 초기 4~5년 동안은 공동 작업을 많이 했습니다. 그 뒤에 텍스트 작업과 병행해서 작품을 올렸습니다. 최근에는 텍스트를 적극적으로 해서 무대에 올리는 작업을 하는데 배우들이나 제가 나이가 많아지면서 이렇게 사실주의 극으로 흘러가는 것 같습니다. 배우들이 나이가 어릴 때는 노인 역이 있는 작품을 하기 어렵고 그래서 실험극을 많이 하게 된 것 같고 극단의 배우들이 나이를 들어감에 따라 사실적인 작품을 소화해 낼 수 있는 역량이 생기니까 자연스럽게 사실주의 연극을 무대에 올리게 되는 것이 아닌가 생각합니다.

영국 런던에서 지냈던 때의 이야기를 해 주시겠어요?

일 년 정도 쉬겠다고 하고 런던으로 갔습니다. 처음에는 미국의 한 극단에 가서 지내다 오려고 했는데 비자가 나오지 않아서 런던으로 갔습니다. 돈도 없고 겨울이라 춥고 축축하고 힘들고 괴로웠는데 지나고 나니까 그런 경험도 도움이 되더라고요. 6 개월 동안 방 하나 잡아가지고 공연만 보고 왔어요. 한 60여 편 정도 봤습니다.

118

좋은 공연은 어렵고 심각한 작품인데도 관객들이 많았습니다. 배우들도 정말 잘하고요. 연극은 이런 곳에서 해야 하는구나 하는 생각이 들었습니다. 좋은 공연을 보러 오는 관객들이 있으니까요. 여기 있을 때는 몰랐는데 가서 보니까 우리가 기적적으로 살아남아서 연극을 하고 있다는 생각을 했습니다.

연출가로서 앞으로 어떤 작품을 하고 싶으세요?

제가 지금 마흔 여섯인데 작품다운 작품을 할 수 있는 오십 중반 정도까지 활동할 수 있지 않을까 생각합니다. 앞으로 체호프 작품을 더 하고 싶습니다. 체호프의 작품이 잘 느껴지고 하면 할수록 무궁무진한 재미를 알게 됩니다. 안톤 체호프는 천재라고 생각합니다. 제가 체호프의 작품을 세 번을 해봤는데 할 때마다 놀랍니다. 인생을 바라보는 눈이 얼마나 깊고 따뜻하고 다면적으로 파악하고 있는지... . 희랍극도 더 해보고 싶고요.

어떤 배우를 좋아합니까?

유연하고 본능적인 배우가 좋습니다. 분석적이기보다는 본능적으로 역할에 다가가서 연기하는 사람이 더 살아 있고 발전 가능성이 있다고 생각합니다. 자기의 생각이나 감정을 자유로운 상태로 유지하고 집에서 뭘 많이 생각해 오는 배우보다 연습장에서 집중하는 배우가 좋습니다. 혼자 생각해 온 것을 설계도식으로 풀어서 하는 것이 아니라 유기적으로 생산이 되고 창조가 되기 때문에 연습장에서 만나서 화학작용 일으키듯이 새로운 것이 나오는 것이지요. 화학작용은 새로운 물질이 만들어지는 것이니까요. 연기도 상대역과의 일종의 화학작용이라고 할 수 있는데 A+B=AB가 아니라 A+B=C 가 나오니까 새로운 C가 창조되는 것입니다. 예술 작업이라는 것은 너와 내가 합쳐져서 나랑 너랑이 아니라 새로운 것이 나오는 것입니다.

연극은 가장 민주적인 예술이고 작업이기 때문에 참여하는 사람 모두 민주적인 작업에 익숙해야 합니다. 남의 말도 들을 수 있어야 하고 내 생각도 표현할 수 있어야 하지요. 같이 소통하면서 작업을 해야 하니까요. 민주적인 예술이기 때문에 민주적인 소통이 잘 돼야 하고 연출은 그것을 유도하고 잘 이끌어 가야 합니다.

연출가, 2007년 11월

김봉태, 최은형 부부

고은별 첫 만남의 순간이 어떠셨어요?

김봉태 아내를 처음 보았을 때 참한 느낌이 들었습니다. 착해 보이고 스마트한 느낌이 들고... .

최은형 남편을 처음 만났던 당시 저는 미국 캘리포니아에서 살고 있었습니다. 캘리포니아 걸(Girl)로 고생이라는 것을 모르고 살았지요. 어릴 때 미국으로 이민 와서 좋은 환경에서 훌륭한 교육을 받고 대학을 우등으로 졸업했어요. 20대 후반에 저희 오빠하고 언니하고 저하고 셋이 코리아타운에 한국 호텔이 하나 생겨서 가족이 그곳으로 식사를 하러 갔어요. 남편은 그때 언니의 대학교수셨고 우연히 그 호텔 식당에서 만나 자리를 같이하게 되었나 봅니다. 저는 기억이 거의 나지 않는데 아마 그때 처음 뵙고 인사를 나눈 것 같아요.

김봉태 화가께서 미국에서 교수로 재직 중이던 시절에 제자 가족을 우연히 한국 호텔 식당에서 만나 잠깐 인사를 나누었고, 그때 제자와 같이 있던 동생이 지금의 아내가 된 것이네요.

그때 잠깐 만났는데 인상이 좋아서 잊혀지지 않았습니다. 그 후 한국으로 돌아와 덕성여대에서 학생들을 가르쳤지요. 결혼한 친구들이 너 이제 결혼해야 하지 않겠냐 했을 때 진지하게 생각해 보았어요. 그때 떠오른 사람이 지금의 아내입니다. 그래서 제자에게 팩스로 동생(현재의 아내) 전화번호를 알려 달라고 했지요.

회사에서 퇴근해 집에 와 보니 전화가 와 있었어요. 녹음된 메시지를 틀어보니 한국에서 온 화가 김봉태인데 언제 어디서 전시회를 하니 참석해 달라는 내용이었어요. 그때만 해도 그림에 관심이 없어서 전시회에 가지 않았어요. 나중에 언니한테 얘기를 들었는데 저에 대해 관심을 갖고 계신다고 했어요. 처음에는 불쾌했어요. 그때 저는 선생님보다 스물두 살이 어렸으니까요. 나이차이가 많이 나는 분이라서 결혼은 생각도 하지 않았어요. 나중에 언니가 조앤 리의 〈사랑과 비즈니스〉라는 책을 줘서 읽었는데 그 책을 읽고 나서 감동을 받았어요.

두 분이 22살 차이를 극복하고 결혼하셨잖아요?

선생님이 전화를 걸어왔을 때 제가 친구처럼 지내자고 했어요. 선생님께서도 좋다고 하시면서 그때부터 매일 전화를 하셨습니다. 한국에서 밤에 전화를 걸면 미국에서는 아침이잖아요. 선생님은 로맨틱한 분위기에서 전화를 거셨는데 저는 매일 아침 7시, 8시에 잠에서 깨어 전화를 받아야 했어요. 전화는 얼굴을 안 보고 음성만 듣게 되는데 왠지 인품이 느껴져 왔어요. 참 편안하고 좋은 분이라고 생각했지요. 그냥 프랜드쉽이니까 남자로 생각하지는 않았어요. 그렇지만 얼굴을 모르니까 사진을 보내 보라고 했지요. 제가 궁금했거든요. 그러다가 제가 한국에 와서 선생님을 직접 만나게 되었죠. 사진 속의 얼굴하고 너무 달라서 실망했는데 선생님은 저를 두붓집에 데리고 가셨어요. 신발을 벗고 방에 들어가 음식을 먹는 식당이었는데 그 분위기가 한국적이고 좋아서 마음에 들었어요. 그때부터 한국에 여행 왔구나 하는 생각이 들면서 기분이 좋아졌어요. 저를 선생님의 스튜디오에 데리고 가셨는데 정말 멋진 스튜디오였어요. 미국에 돌아왔을 때도 매일같이 전화를 하셨어요.

저는 그때 파리에서 깐뉴 전시회가 있었어요. 그때 같이 가려고 계획했고 6월에 결혼하면 함께 갈 수 있다고 생각했어요. 타이밍을 잘 맞춰서 가려고 계획했습니다.

선생님께서 스페인에서 만나자고 하셨어요. 그래서 제3국에서 5일 동안 선생님 전시회에 참석했는데 그때 같이 있었던 작가나 관계자들이 전부 처음부터 끝까지 저를 이미 와이프가 된 것처럼 사모님이란 호칭을 하면서 대접을 한 거예요. 사실은 그게 아닌데요. 스페인 대사가 나왔을 때도 김봉태 씨 와이프라고 소개를 했어요. 선생님은 저의 손을 잡고 스페인의 옛날 수도 톨레도를 걸었습니다. 그곳에 중세 수도원이 있었는데 그 안에 들어가니 영화 미션의 테마곡이 나오는 것이었어요. 그런 분위기에서 어떻게 사랑이 싹트지 않을 수 있겠어요?

스페인에 데리고 가지 않으면 결혼을 할 수 없다고 생각했어요. 전 지금의 아내와 꼭 결혼해서 같이 살고 싶었습니다. 그렇기 때문에 모든 것을 걸고 도전했습니다.

예술가로서의 남편을 굉장히 자랑스러워하는 것 같은데 아내로서 남편의 장점을 말해 주신다면?

예술가로서 남편은 자신을 내세우려고도 하지 않고 순수한 자신의 모습을 잃지도 않아요. 남편이기 전에 순수 회화 작가로 좋은 점을 매우 많이 갖고 있어요. 남편이 작품만 열심히 하는 모습이 너무 좋아요. 화가 김봉태도 그렇지만 인간 김봉태도 안과 밖이 큰 차이가 없어요. 늘 한결같은 모습이지요. 저희는 결혼을 해서 살수록 더 좋은 것 같아요. 더 정답고. 지금도 베스트 프랜드에요. 12년을 함께 살았지만 남들이 20년 30년 산 만큼 살았어요. 왜냐하면 작업실과 집이 같이 있으니까 늘 함께 생활하거든요. 남편은 작업실에서 작품을 하고 저는 부엌에서 일하고 식사 때가 되면 집에 올라오셔서 식사를 하시고 또 작업실로 내려가시고... . 생활도 같이 하지만 좋은 전시회가 있으면 같이 보러 갑니다.

집 디자인은 직접 하셨나요? 집이 무척 독창적인데요.

예, 어설프지만 선생님 사시기 편하게 지으려고 했지요. 저에게는 남편의 건강을 챙기는 일이 무엇보다 중요해요. 음식 하나하나에 신경을 써서 청결하고 영양가 있게 재료도 좋은 것을 써서 만들어요. 일 년이 모아지면 그게 보약이니까요.

남편의 와이셔츠 단추를 직접 골라 달아 주시고 의상 코디에도 신경을 많이 써 주고 계시지요?

불과 삼만 원짜리 옷인데 이태원에서 와이셔츠 감을 사다가 단추를 고르고 이 단추에 무슨 색깔 실을 쓰는 것이 좋을까 일일이 잘 맞춰 보고 옷을 만들었어요. 세상에 하나밖에 없는 와이셔츠죠. 재료는 거기 다 있지만 제가 색상을 다 골라 주니까요.

항상 그렇게 남편 의상을 챙겨 주시나요?

예, 그런 의상이 한 스무 벌은 돼요. 와이셔츠는 거의 그렇게 해 드려요. 양말도 와이셔츠 색에 맞춰 빨 주 노 초 파 남 보로 해 드렸죠.

선생님 그림을 보면 원색을 많이 사용하시는데 아내가 화려한 색의 옷을 입는 것을 좋아하지 않으시나요?

실제로도 조금 변화를 주면서 컬러풀한 것을 좋아합니다.

저는 어려서부터 보석도 싫어하고 화려한 걸 좋아하지 않아요. 선생님은 클래식한 스타일을 좋아하세요. 남들이 볼 때 섹시한 여자는 안 좋아해요. 고상한 데서 섹시함을 느낀다고 하시니까요. 제가 머리 모양을 항상 이렇게 하는 것을 좋아하세요. 화장도 많이 하는 것 안 좋아하시고. 칭찬을 많이 하는 점이 제일 좋데요. 저는 남편한테 늘 칭찬을 해 줍니다. 외출하실 때는 옷맵시가 좋다, 멋있다고 칭찬해 드려서 활기차게 볼일을 잘 보고 돌아오실 수 있게 했어요. 12년 내내 그랬을 거예요. 어떤 경우에도 전화를 할 때는 밝은 목소리로 해요. 제가 어머니한테 배운 것 중 하나는 전화할 때 절대 언짢은 소식을 전하지 않는 거예요. 전화로는 절대 말하지 않아요. 저는 남들한테도 칭찬을 아끼지 않아요. 그렇다 보니까 평화로워요, 집안이. 늘 우리 둘밖에 없지만 평화롭다는 말이 절로 나와요.

아내가 나를 소중히 여긴다는 것이 느껴져서 선생님께서 행복하시겠어요?

아내가 저에게 너무 잘해줍니다. 고맙지요.

남편은 중학교 때부터 화가가 되고 싶어 했어요. 그 순수한 작가 정신에 존경심을 갖게 됩니다. 저는 남편이 작가로서 좋은 작품을 그려 낼 수 있도록 옆에서 조용히 돕고 있고 화가 김봉태의 아내로서의 삶이 행복합니다.

화가, 2008년 1월

유자효

　지난해 환갑을 맞은 유자효 시인은 우리에게 방송인으로 더 잘 알려져 있다. KBS 파리 특파원, SBS 정치부장, 기획실장을 거쳐 지금은 한국방송기자클럽 회장직을 맡고 있기 때문이다. 지난달 28일 동아연극상 시상식이 끝나고 아르코 예술극장 로비 리셉션장에서 만난 유자효 시인은 호감을 주는 외모에 세련된 옷차림을 하고 지적인 분위기를 풍기는 중후한 목소리로 명함을 건넸다. 하얀 와이셔츠와 감청색 코트 사이로 보이는 빨간색 긴 목도리가 산뜻한 느낌을 주었다.

> 지금 이 순간에도 어느 곳에서는
> 살육이 저질러지고 있겠지마는
> 그래도 세상은 아름다운 곳
> 지금 이 순간에도 모두가 떠나버린 고독에
> 몸을 떠는 사람들이 있겠지마는
> 그래도 세상은 아름다운 곳
> 지금 이 순간에도 파멸을 위한 악의 씨가 뿌려지고
> 악의 꽃들이 재배되고 있겠지마는
> 그래도 세상은 아름다운 곳
> 당신이 있는 곳은 어디나 세상의 중심
> 당신의 생명이 끝날 때까지 당신은 세상의 유일한 선택

세상은 결코 당신을 버리지 않으니
당신이 세상을 떠난 뒤에도 세상은 여전히 아름다운 곳
(아름다운 세상- 유자효 詩)

고은별 아름답고 희망을 주는 시입니다.

유자효 이 작품은 베트남전을 배경으로 한 영화 〈Good Morning Vietnam〉을 보면서 시상이 떠올라 쓴 시입니다. 미군 비행기들이 베트남 마을을 폭격하는 장면이 나오는데 폭탄이 떨어지고 사람들이 도망을 치는 처절한 장면에서 배경음악으로 나오는 노래가 'What a wonderful world!' 입니다. 매우 대조적이죠. 화면에는 처참한 학살이 펼쳐지는데 배경에는 아름다운 음악이 흐르는... . 세상에는 죄가 저질러지고 살육이 자행되고 지금도 어디에서는 사람들이 죽어 가고 있지요. 그래도 세상은 아름다운 곳이라는 것이죠.

그것은 믿음인가요?

믿음이지요. 저의 믿음. 그런 메시지를 담은 것이죠. 저는 생활 속에서 만나는 사람들에게서 음악이라든지 그림이라든지 이런 데서 시의 소재를 발견합니다.

장사익 선생님에 대한 시도 쓰셨어요.

남들은 동안(童顔)에 하는 데뷔를
40대에서도 말(末)에 했다
자신의 노래보다는 이미 철 지난 남의 노래를 즐겨 부른다.
늘 전철을 타고 다니는데
남들이 몰라봐서
불편하지가 않다.
그는 무척 바쁜 사람이 됐는데
돈 안 생기는 데도 가고
지방에 먼저 약속했다는 이유로
간절히 매달리는 서울 공연을 거절하기도 한다.
면도도 제대로 않고 무대에 서는
그는 끝내 투박한 충청도 사투리를 고치지 못할 것이다.
그런데 사람들은 그의 노래를 들으면
가슴이 미어진다고 한다.
눈물이 난다고 한다.
한이 연륜에 삭아 있다고 한다.
그는 소리 없이 엄청난 팬 군단을 거느리고 있다.
10 년이 하루
장사익

그분은 아주 늦게 데뷔한 사람인데 사람이 서민적이고 수수하지
요. 전철을 타고 다닌다기에 당신 같은 스타가 전철을 타면 사람

들이 알아보지 않느냐고 물었더니 수더분하게 하고 다니니까 사람들이 잘 알아보지 못한다고 해요. 제목이 '이상한 스타'잖아요? 스타는 스타인데 좀 특이한 스타라는 뜻이죠.

장사익 선생님의 친필 편지를 작년 제 생일에 받았어요. 어찌나 반갑던지... . 장사익 선생님은 글씨도 참 잘 쓰세요. 그런데, 시는 언제부터 쓰셨나요?

저는 아주 어렸을 때부터 시를 썼어요. 초등학생 때부터. 시인으로 등단한 것은 20대 초반이었어요.

왜 처음부터 시인의 길로 가지 않고 방송 쪽으로 나가셨어요?

제가 서울대 사범대 불어과를 나왔는데 졸업할 당시에 불어 교사 발령이 없었어요. 그래서 방송사 시험을 봤지요. 방송사에 취직해서 바쁜 사회생활을 시작했기 때문에 젊은 시절에 시인으로 열심히 활동하지는 못했어요.

특파원 활동을 하셨던 파리에서의 3년은 어떠셨나요?

제가 있던 당시는 동유럽이 무너지기 직전이어서 동유럽 쪽으로 취재를 많이 다녔고 중동전쟁이 일어났던 때라서 중동 지역을 다니며 최전방까지 가서 취재했지요. 헝가리에 있는 우리 공관원의 차량에서 폭발물이 발견되고 하던 때라서 조심하면서 다녀야

했어요. 연금되어 있던 레흐 바웬사를 만났던 일은 그 당시로서는 위험할 수도 있는 상황이었죠. 그때는 젊었고 무서움을 몰랐던 시절이었어요. 그 당시 바웬사는 가택 연금 상태에 있었기 때문에 만나기가 어려웠어요. 고용하고 있던 운전사가 제가 바웬사를 만나려고 노력하는 것을 보고 만나게 해 주겠다고 했어요. 그래서 네가 어떻게 바웬사를 만나게 해 줄 수 있느냐고 했더니 바웬사는 자기의 형제라고 하더라고요. 그 말이 무슨 뜻이냐면 바웬사는 모든 노동자는 자기의 형제라고 했는데 운전사도 노동자니까 자신도 바웬사의 형제라고 생각하고 있었던 것이죠. 그 친구가 일요일에 바웬사가 다니는 성당에 가서 그를 만나 보라고 했어요. 폴란드는 가톨릭 국가라서 공산주의자들도 가톨릭에 대해서는 함부로 하지 못했어요. 바웬사가 가택 연금 상태에 있었지만 일주일에 한 번은 성당에 미사 드리러 갈 수 있도록 했지요. 성당에 가도 바웬사는 신도들과 같이 미사를 드리지 못하게 했어요. 주교관에서 개인적으로 예배를 보고 집으로 돌아가게 했어요.

주교관에 가서 말씀드렸을 때 허락을 하셨나 보죠?

허락을 했지요. 나는 워낙 먼 데서 온 사람이었으니까요. 바웬사가 기도하는 방에서 미리 기다리고 있다가 기도하려고 들어오는 바웬사를 만났지요. 그때 바웬사를 만나기가 상당히 어려웠기 때문에 KBS에서 이 뉴스가 보도 되니까 서울발 AFP가 그 뉴스를 받아서 전 세계에 소식을 전했어요.

세계적인 특종이었네요.

네, 기자로서 참 기뻤습니다.

보람을 느꼈던 일이 또 있으셨나요?

조수미씨가 유럽에서 막 알려졌을 때 국내에서는 전혀 모르고 있었죠. 파리에서 일요일에 TV를 보고 있으니까 동양 아가씨가 노래를 부르고 있더라고요. 노래가 끝나고 사회자가 소개를 하는데 "카라얀이 이 가수는 신이 내린 최고의 목소리라고 칭찬했다. 그리고 한국인이다." 이렇게 얘기를 해요. 바로 방송사에 연락을 하고 테이프를 사서 KBS로 보냈어요. 방송에서 크게 나갔고 국내에서 조수미가 알려졌죠.

선생님의 시를 평한 것을 보면 '유자효의 시의 흐름은 구도자적인 특성과 인격적 평등을 원칙으로 하는 휴머니즘의 색채를 띤다.'라고 했습니다. 선생님은 이 표현에 대해 어떻게 생각하십니까?

저는 사람을 믿어요. 기본적으로 선의를 갖고 있는 많은 사람이 있기 때문에 세상이 멸망하지 않는다고 믿어요. 이런 사람에 대한 믿음이 휴머니즘으로 표현되지 않았나 생각합니다.

그 믿음은 어떻게 형성되었나요?

그 영향은 종교적인 것일 수도 있는데 저는 부처님이나 예수님 같은 인류의 큰 스승들에 관한 책들을 많이 읽으려고 노력합니다. 그분들이 하나같이 하신 말씀이 인간에 대한 믿음, 인간에 대한 사랑입니다. 제 문학의 기저에 깔려 있는 것이 인간애라고 생각해요. 인간에 대한 사랑.

그렇다면 인간을 믿지 못하는 사람들에게 어떤 말씀을 해 주고 싶으신가요?

눈을 크게 뜨고 세상을 넓게 보라고 얘기하고 싶어요. 인간에 대한 불신을 가질 수는 있지만 그것이 전부가 아니에요. 이 세상은 선의를 가지고 있는 사람들에 의해 주도되고 있습니다. 인생은 꽃밭같은 것이에요. 우리가 사는 이 세상은 아름다운 곳입니다.

이 세상에 태어나자마자 부모로부터 버림받고 고아원에 버려지는 아이들이 있고 가장 귀하고 소중하게 대접받아야 할 집에서 남편으로부터 구타당하는 여성들도 있습니다. 견딜 수 없는 아픔과 고통을 겪고 있는 사람들에게 어떻게 세상이 아름답다고 말할 수 있을까요?

제가 세 살 때 6·25전쟁이 일어났고 전쟁이 끝나던 해에 초등학교에 입학했습니다. 대학생 때 아버님이 쓰러지시고 어머니가 돌아가셨어요. 제 형제가 6남매입니다. 제 문학에서 상당히 공백기가 있었던 것도 경제적인 문제를 해결해야 했었기 때문이고 제 스스로를 희생해야만 했던 시기가 있었기 때문이죠. 이 세상은 긍정적인 생각을 갖고 사랑을 갖고 있는 사람들에 의해 주도되어 갑니다. 물론 고통이 있고 시련이 있을 수 있지요. 그렇지만 시련과 고통과 어려움에 굴복하면 스스로의 인생을 패배시켜 버리는 것입니다. 견디기 어려운 고통이 있습니다. 정말 죽을 것 같은, 죽는 것이 더 나을 것 같은 그런 어려움도 있어요. 그러나 그것에 굴복해 버리면 자기의 소중한 인생이 거기서 패배해 버리는 것이지요. 우리 인생이 얼마나 소중합니까? 그 어떤 시련과 고통과 어려움이 있다 하더라도 내 인생을 희생시킬 수는 없는 것이지요. 나의 인생만은 성공시켜야 합니다. 누구든지 마찬가지에요. 그 비결은 고통과 어려움과 시련에 굴복하지 않는 것입니다. 굴복하지 않는 방법은 무엇인가? 착한 마음으로 선의를 가지고 사랑을 가지고 세상을 긍정적으로 보는 겁니다. 긍정적인 마음으로 살아가는 것이죠. 그것이 가장 강력한 무기가 됩니다. 자신을 지켜주는 무기가 돼요. 그런 선의를 가지고 있는 사람들이 승리자들입니다. 평범한 사람들이 극한 상황에서 자신의 삶을 긍정적으로 받아들여 성자가 된 사람들이 있습니다. 극복되지 못할 고통은 없습니다. 아무리 어렵더라도 세상에는 선의를 가지고 있는 사람들이 있고 그 선의를 가진 사람들에 의해 역사는 주도되어 왔습니다.

방송 일을 그만두신 후 어떻게 지내고 계십니까?

저는 요즘 BMW(Bus Metro Walk)를 타고 다니면서 맹인들, 물건을 팔아 달라는 사람들의 모습을 자주 봅니다. 불교식으로 말하면 내게 손을 내미는 거지가 바로 부처이고 내가 선행을 할 수 있게 해 주는 기회를 바로 그 사람이 주는 것입니다.

우리가 남을 위해서 한다고 하지만 결국은 자기만족을 위해서 하는 것이라고 말하는 사람들도 있습니다. 남을 위해서 무언가 베푼다는 것의 의미는 정말 큽니다. 자기만족이라 해도 관계없습니다. 어려운 사람들, 구걸하러 오는 사람들이 제 앞에 온 부처라고 했는데 그런 경우를 놓치지 말라는 것이죠. 백 원짜리 동전 하나를 주어도 상관없어요. 이 세상은 함께 살아야 하는 것이거든요. 설령 그것이 베푸는 사람의 자기만족에서 나오는 것이라 할지라도 안하는 것보다는 선행을 베푸는 것이 훨씬 낫다는 것이죠. 사실 불경이나 성경 등 종교적인 배경에서 보면 관세음보살이나 부처나 예수님이 자주 오시지 않거든요. 평생에 한 번 내지 두 번? 두 번 오면 많이 온다고 볼 수 있겠죠. 그런데 많은 사람들이 자기 곁에 와 있는 부처나 예수, 관세음보살을 모르지요. 내 앞에 관세음보살이 온 것이라는 것을 알면 내 인생에서 아주 큰 어떤 기회를 맞이하는 겁니다. 프랑스에 베르나데트라는 양치기 소녀가 있었어요. 이 소녀가 성모님을 본 겁니다. 성모님이 나타나서 어느 장소를 파라고 한 거예요. "여기를 파면 물이 나올 것이다. 그 물은 모든 사람의 병을 치유할 것이다."라고 한 것이죠. 주교를 찾아가 그 사실을 알렸고 주교는 사람들을 데리고 동굴로 갑니다. 그런데 성모님은 오직 베르나데트에게만 보였어요. 평생 성경 공부하고 아침저녁으로 기도하며 경건한 삶을 살아온 주교나 성직자들에게는 보이지 않고 산골에서 아무것도 모르고 자란 양치기 소녀에게만 보이는 것이었죠. 그래서 땅을 파니까 물이 나왔어요. 기적의 샘물이 되어 많은 사람이 병을 치료하고 갔지요. 지금도 루르드에 가면 다리를 절고 지팡이를 짚고 왔던 사람들이 샘에 가서 목욕을 하고 병이 나아 지팡이를 세워 놓고 간 것이 수천 개가 됩니다. 그래서 교황청에서 심사를 하고 베르나데트의 경우를 기적으로 인정했습니다. 베르나데트는 기적으로 인정된 그 날로 수녀가 됩니다. 그렇다면 왜 성모가 베르나데트에게만 보였는가? 그 소녀는 산골에서 아무것도 모르고 자란 아이입니다. 죄가 없는 아이죠. 깨끗하고 맑은 영혼을 가진 아이였어요. 그래서 성모가 보인 것이죠. 성모님, 예수님, 부처님이 언제 어떤 모습을 하고 나타날지 모릅니다. 생애의 결정적인 순간을 자기가 알기 위해서 스스로의 영혼이 깨끗해야 한다는 것이지요. 우리가 무 오염 상태에서 살 수는 없지만 노력은 하자는 것이죠. 그것이 스스로를 구원하고 스스로의 삶을 성공시킬 수 있을 테니까요. 그러기 위해서 우리에게 종교가 있고 예술이 있는 것이죠. 그 가운데 '시'라는 예술이 있고요. 그런데 시상이 떠오르는 것도 맑은 정신 상태에서 옵니다. 결국 영혼이 맑아야 한다는 얘기지요.

> 남들이 도저히 찾을 수 없는 곳에
> 나만이 아는 곳에 간직해 주마
> 내가 가장 잘 약속을 지킬 수 있는 곳에
> 전쟁이 일어나도 파괴할 수 없고
> 그 어떤 폭력으로도 훔칠 수 없는
> 우주에서 가장 안전한 곳으로 데려가 주마

가난해도 좋고

병약해도 좋고

늙어도 좋다

그 어떤 힘과 권력이 위협한다고 해도

세상의 부가 사려고 해도

심지어 시간의 횡포로써도

도저히 빼앗아 갈 수 없는 곳에 간직하고 있으마

나는 너를 볼 수 있다

언제나 보고 싶을 때 너는 내 앞에 떠오른다

그 신비한 기억 속에 간직하마

소중한 이여

(어디일까요 詩 유자효 作)

　인터뷰를 마치고 집으로 돌아와 루이 암스트롱이 노래한 'What a wonderful world!'를 들었다. 유명한 트럼펫 연주자인 루이 암스트롱은 노래할 때도 마치 트럼펫을 불듯이 한다. 내면 깊은 곳에서부터 물밀듯이 밀려오는 꽉 찬 기운. 프레이징이 완벽하다. 영혼이 담긴 노래. 그의 목소리를 들으면 그가 진실함을, 그가 노래하는 '아아, 얼마나 멋진 세상인가!' 하는 말이 절대 거짓이 아님을 느끼게 한다. 우리가 이 세상에서 루이 암스트롱의 'What a wonderful world!' 노래를 들을 수 있다는 것 또한 얼마나 멋진 일인가.

시인은 세상이 아름답다고 했다.

인생은 꽃밭 같은 곳이라고 했다.

그렇다.

Life is exquisite.

인생은...

아름답다.

What a wonderful world!

⟨Louis Armstrong⟩

I see trees of green, red roses too

I see them bloom for me and you

And I think to myself what a wonderful world.

I see skies of blue and clouds of white

The bright blessed day, the dark sacred night

And I think to myself what a wonderful world.

The colors of the rainbow so pretty in the sky

Are also on the faces of people going by

I see friends shaking hands saying how do you do

They're really saying I love you.

I hear babies crying, I watch them grow

They'll learn much more than I'll never know

And I think to myself what a wonderful world

Yes I think to myself what a wonderful world.

작곡: Bob Thiele, 작사: George David Weiss

푸른 나무들을 봅니다. 빨간 장미들도요.

나는 그것들이 나와 당신을 위해 꽃 피우는 것을 봅니다.

그리고 스스로 이런 생각을 해요. 아아! 얼마나 멋진 세상인가!

파란 하늘과 하얀 구름을 봅니다.

축복 받은 화창한 날과

어둡고 거룩한 밤을 봐요.

그리고 혼자 생각하지요.

아아! 얼마나 멋진 세상인가!

하늘에 떠 있는 너무나 예쁜 무지개 색들

지나가는 사람들 얼굴에도 어려 있네요.

"안녕하세요?" 하면서 악수하는 친구들을 봅니다.

그들은 정말로 "사랑해요"라고 말을 하고 있지요.

아이들이 우는 소리를 듣고 아이들이 자라는 것을 지켜봅니다.

그 아이들은 내가 결코 알 수 없는 것보다

훨씬 더 많은 것을 배우겠지요.

그리고 아아! 얼마나 멋진 세상인가!

그래요, 나 스스로 이런 생각을 해요.

정말 얼마나 멋진 세상인가요.

시인, 2008년 2월

오순택

약속 장소인 국립극장으로 가는 길은 신록의 나무들이 눈이 부시도록 푸르고 달오름 극장 앞의 잔디밭에는 손톱보다 작은 노란 야생화가 곱디곱게 피어 있었습니다. 양 소매 끝에 연보라색 자수가 놓여 있는 하얀색의 소매 없는 셔츠를 입고 나타난 오순택 배우는 일흔이라는 나이가 믿어지지 않을 만큼 젊고 건강해 보였고 오랜 세월을 견디며 굳건하게 서 있는 아름드리나무를 떠올리게 하였습니다.

고은별 뮬란에서 아버지 목소리 연기가 인상적이었습니다.

오순택 디즈니 측에서 처음에 스토리 북을 만들어 캐릭터를 그려주었고 그 이미지에 맞추어 목소리로 역할을 창조했는데 반응이 좋았지요. 시사회와 홍보를 위한 행사에서 여러 나라에서 영화 담당 기자들이 모였는데 목소리 연기한 사람들이 함께 인터뷰를 했을 때 제가 인터뷰한 시간이 한 시간 반이나 되었어요. 다른 배우들은 벌써 다 끝나고 저녁 먹고 있는데 말이에요. 그만큼 뮬란에서 아버지 역의 목소리 연기가 사람들에게 강한 인상을 준 것이 아닌가 하는 생각을 했습니다. 제가 맡은 좋은 역할들이 많았지만, 뮬란은 대단히 성공한 작품이고 그런 작품에서 목소리 연기를 했기 때문에 세계적으로 히트하였고 팬 메일도 많이 받았습니다.

미국으로 가시게 된 특별한 계기가 있었습니까?

제가 자랐던 시기가 제2차 세계대전 말, 해방 전후, 한국전쟁 등으로 인해 정상적인 상황이 아니었고 예술적인 활동을 거의 하지 못했던 시절이었는데 유일하게 영화는 미 8군에서도 나오고 일본에서 상영되었던 외국 명화도 2~3개월 후에는 우리나라에서 볼 수 있었지요. 운이 좋게도 그 당시에 제가 볼 수 있었던 영화들이 다 명작들이었어요. 영화라는 것이 참 아름다운 것이라고 생각하게 되었지요. 제가 연세대 정치외교학과를 졸업했으니까 집안에서는 외교관이 되기를 바랐지요. 그래서 미국 하버드대학으로 국제사법을 공부하러 갔는데 가을 학기 등록을 하는 과정에서 건강검진을 받았고 X선 촬영을 재확인 하느라 늦어져서 등록을 하지 못했습니다. 그러던 중에 남가주 대학에서 미 정부 대학생들의 모의 유엔 행사가 있어 참가하게 되었고 60년 가을 학기부터 UCLA대학에서 영화 공부를 시작했습니다.

영어를 정말 잘 하시더라고요.

저는 어떤 말이든지 악센트가 있어요.
영어는 동양인 악센트가 있고 일본말은 한국말 악센트
우리나라 말에는 전라도 악센트가 있지요.

너무 많은 것을 이루셔서 또 다른 꿈을 가지고 계실지 모르겠네요?

아닙니다. 한 것도 별로 없고 거기에 만족하지도 않고요. 어떤 분이 특수한 삶이니까 자서전을 쓰라고 했는데 자서전을 쓸 만한 자료도 없고 "Didn't look back." 뒤를 돌아볼 생각이 없었지요. 뭐 그리 대단한 삶도 아니고... .

교수님 직함을 갖고 계시니까 사모님이라고 해야 하겠지요? 언제 처음 만나셨나요?

대학 다닐 때 '르네상스' 라는 클래식 음악 감상실에서 처음 만났어요. 늘 같은 자리에 앉았는데 내가 앉은 자리와 지금의 아내가 앉은 자리가 가까웠고 음악에 대해 자연스럽게 이야기를 주고받으면서 친해졌어요. 그림에 대한 감각이 뛰어난 사람이지요. 아내와의 사이에 아들이 하나 있습니다. 미국에서 활동하면서 힘들 때가 많았지만 나를 잘 아는 사람들은 모두 아내가 곁에 있었기 때문에 지금의 내가 이 자리에 있을 수 있게 되었다고 말을 해요. 배우라는 직업은 항상 일이 있는 것이 아니고 역할을 취사선택해야 하는데 생활이 힘들 때도 불평하지 않고 내 마음을 잘 이해해 주었지요. 한때는 사업을 해 가면서까지 뒷바라지를 해 주었고 그 덕분에 제가 할리우드에서 나름대로 자긍심을 가지고 나 자신을 지키면서 활동할 수 있었습니다.

출연할 작품을 선택하는 기준이 있다면?

내 자신이 다시 봐서 부끄럽지 않을 것. 다시 본다는 것이 몇 년

후에 본다든지 또 젊은 아이들이 보았을 때 부끄럽지 않은 역할을 맡는 것이지요. 가깝게는 내 아들과 조카들이 보았을 때 부끄럽지 않은 영화를 말합니다.

할리우드에서의 생활과 돌아와서 배우로, 교수로 활동하시는
현재의 생활에서 느끼는 차이가 있다면 어떤 것일까요?

할리우드는 하나의 상징적인 이름이지요. 그곳에서 사람이 살고 작업을 하고 그러지는 않지요. 상징적인 의미에서 할리우드에서의 삶과 한국에서의 삶. 내가 느끼는 것은 배우라는 것이 그쪽에서는 철저하게 직업으로 인식되어 있다는 것입니다. 직업의식이 아주 투철합니다. 배우 스스로 자신이 하는 일을 프로페셔널한 직업으로 생각하고 또 그렇게 프로페셔널하게 일을 하니까 나름대로 대우도 받고 존경도 받는다고 생각합니다.

프로페셔널한 배우란 어떤 배우를 말씀하시는지요?

보다 알차고 보람된 삶을 위해서 그 삶의 가치를 성찰하고 그것을 추구하는 것이 진정한 연기자의 삶이라고 생각합니다. 일상생활에서 사람들이 항상 마스크(가면)를 쓰고 있지요. 그런데 연기자가 연기를 할 때는 캐릭터라는 것이 있어요. 배우의 직업의식과 긍지라는 것은 이 캐릭터라는 확대경을 통해서 주어진 상황을 직면하고 자신이 가지고 있는 자기의 마스크를 하나하나 벗는 것이라고 생각해요. 양파의 껍질을 하나씩 벗겨 나가듯. 우리의

삶, 삶의 목적, 영혼이 관객과 어우러지는 그 절묘한 순간에 관객도 카타르시스를 느끼고 배우 자신도 카타르시스를 느끼고 거기에서 프로페셔널 배우로서의 직업이 완성되는 것이지요. 자신의 거짓 없는 모습을 있는 그대로 보여 줄 수 있는 용기 있는 배우가 프로페셔널한 배우입니다. 목적이 다른 것에 있는 배우는 프로라고 생각하지 않습니다.

우리나라에서는 연극을 하는 많은 분이 경제적으로 어려운 상황에도 불구하고 무대에 오를 수 있다는 순수한 마음 하나로 작품에 임하는데요. 미국의 배우협회나 조합에서는 배우들의 생활에 실질적으로 어떤 도움을 주는지요?

미국에는 액터스 에퀴티(Actors Equity of America), 아메리칸 페더레이션 오브 레디오 앤 텔레비전, (American federation of radio and television), 스크린 액터스 길드(Screen actors guild of America) 이 세 개가 있는데 영국은 액터스 에퀴티 하나만 있어요. 산업이 발전하면서 배우의 위상을 계속 높여 왔지요. 영국의 배우 조합은 역사가 오래되어서 그 영향력이 크지요. 스크린 액터스 길드의 예를 들면, 15년 이상을 일 년에 만 오천 불에서 2만 불 정도를 계속 벌면 65세에 은퇴할 때 연금이 나와요. 영화배우 조합에서 연금이 나오고 연극배우 조합에서도 나오고 세 군데서 조금씩이라도 나와요. 미국은 사회보장제도가 있으니까 나이 드신 분들이 어느 정도만 일을 하시면 살아가시는 것이 힘들지 않아요. 우리나라는 그런 실정이 아니지요. 연극을 열심히 하는 우리 배우들은 불쌍해요. 젊어서도 돈을 못 벌어 내내 살면서 힘들고 은퇴 하면 누가 돌봐 주는 사람도 없고. Entertainment Law(예술인 생활 보호법)가 생겨서 배우들의 생활 보장을 어느 정도는 해 주어야 합니다. 연극이 제대로 전통을 이어가지 못한 민족은 사라집니다. 연극은 삶의 기록이고 그 삶의 기록에 정성을 다하고 많은 시간을 보내는 사람들이 먹고는 살아야지요.

우리나라 연극인들도 생활이 어려운 원로 배우들을 위한 복지기금 조성을 위해 부단히 노력을 기울이고 있는데 아직은 시작 단계라고 할 수 있습니다.

결국 기술적인 문제는 어디서부터 시작하느냐 하는 것인데 3년을 계속해서 한다든지 5년을 계속해야 한다든지 미국처럼 일 년에 얼마를 벌어서 몇 년을 계속하면 Pension(연금, 생활 보조금)이 나온다든지 하는 방식도 있어요. 뉴욕에는 연기자들을 위한 아파트가 있어서 집 없는 배우들이 입주할 수 있도록 했지요. 그런 생활 대책이 강화되어야 연극배우들의 활동이 활성화되고 질적으로도 발전할 수 있지 않을까 생각합니다.

현재 배우협회에서 5개월 과정의 교육과정을 통해 배우들을 재교육하고 배우들의 능력을 향상시키려고 노력하고 있는데 어떻게 생각하시는지요?

피터 브루크는 전 세계에서 가장 능력이 있다고 생각한 사람들을 모아서 밤낮으로 몇 년씩 연구하지 않습니까? 3개월, 5개월이 아니라 몇 년씩 꾸준하게 그렇게 연구하고 실험합니다. 얼마나 좋습니까? 당장 눈에 보이지 않더라도 그 오랜 노력과 연구의 결과가 나타나 연극 발전에 이바지하고 있지 않습니까? 우리나라 상황에서는 어렵겠지만 그래도 장기적인 안목으로 본다면 우리나라에도 프로 배우들이 모여서 연기에 대해 연구하고 실험하는 모임이 꼭 필요하다고 생각합니다.

배우, 2008년 9월

임재해

안동으로 임재해 교수를 만나기 위해 서울을 떠나 올 때 마치 여행을 가듯 마음이 설레었다. 인터뷰를 하기 위해 이렇게 멀리 가기는 처음이었기 때문이었을까? 고속버스를 타고 가면서 창밖의 경치를 바라보는 즐거움이 컸다.

고은별 교수님은 어렸을 때부터 공부도 잘하고 모든 일을 잘했던 사람이 아니라 어렵게 한 단계씩 올라가서 거기서 다시 새롭게 시작한 분이셨고 마치 거북이처럼 꾸준한 노력을 통하여 조금씩 성취하면서 지금의 위치까지 오시어 민속학의 권위자가 되셨습니다.

임재해 제가 어릴 때 몸이 몹시 약했어요. 키도 작고. 늘 얻어맞고 부류에 끼지 못했어요. 어머니께서 서모(庶母)였기 때문에 옷치레를 남들처럼 제대로 해 준다거나 소풍을 갈 때 도시락을 싸주거나 하지 않으셨어요. 그래서 어디에 잘 끼지를 못했지요. 늘 주변에 머무르는 사람으로 지냈습니다. 그렇다고 특별한 재주가 있는 것도 아니었고요. 그래서 굉장히 슬픈 아이로 자랐지요. 중학교에 가면 무엇인가 새로운 생활이 펼쳐질 수 있으리라는 희망을 갖고 진학을 했지만 집안에서 도움을 제대로 받지 못해서 특히 어머니의 배려가 없었기 때문에 힘이 들었습니다.

어머님께서 일찍 돌아가셨나요?

제가 네 살 때 돌아가셨어요. 얼굴도 모르고 기억이 거의 없습니다. 어머니에 대해 생각하면 콧등이 찡하고.... 그래서 다른 사람과 비교해 보면 늘 부끄러웠습니다.

가정환경이 어려울 때 자포자기 상태에서 좋지 않은 길로 들어설 수도 있는데 그런 힘든 상황에서 무엇이 선생님을 지켜주었는지요?

나쁜 길로 간다, 엇길로 간다는 것은 제 사유 체계 속에 없었어요. 중학교에 오니까 농땡이 선배들이 자취방에 와서 괴롭히기도 하고 자기도 했지만, 거기에 휩쓸린 적도 없고 한 번도 깡패 짓을 한다거나 하는 것은 생각하지 못했어요. 상황이 어려우니까 그것으로부터 벗어나려고 노력했고 좋은 일을 많이 하려고 했습니다. 아마도 아버지께서 엄하셨기 때문이 아닐까 생각합니다.

체격이 건장하시네요. 건강관리를 잘하고 계시는가 봅니다.

키가 커서 그런데 고등학교에 올라가니까 키가 크더라고요. 학문하는 사람은 잠도 일정하게 자고 쉬는 것도 일정하게 쉬고 운동도 잘해야 학문을 잘 할 수 있어요. 관리를 잘 해야 합니다. 대학선생이 되고 일 년도 안 되어서 도시락을 싸 가지고 다녔어요. 건강을 생각해야 한다고 판단해서 도시락을 먹고 난 후에는 뒷산에 올라갑니다. 거의 외식을 하지 않아요. 아무래도 사 먹는 음식이

신뢰성이 없으니까요. 제가 집에서 먹어야 집사람도 같이 먹을 수 있기도 하고요.

김일부 선생의 정역에 보면 율려(律呂)가 여율(呂律)이라고 앞뒤가 바뀌어 표기되어 있습니다. 김지하 선생께서는 이것이 여성주의(페미니즘)를 언급한 것이라고 하셨습니다.

오늘날 우리 문화에서 보면 여성주의적인 것이 무척 진전되어 있습니다. 남성 권력이라는 것이 물리적인 힘, 性(성적으로 더 열려져 있다는 것), 그리고 글입니다. 옛날에는 오직 남성들만이 글을 배울 수 있었지요. 오누이 힘내기 전설이라는 것이 있습니다. 전국적으로 구전되는 이야기인데 누이가 힘이 세어서 어머니가 걱정입니다. 겨루기를 하면 늘 누이가 이깁니다. 그래서 엄마가 의도적으로 딸을 지게 합니다. 딸이 그것을 알고 결국 죽게 되는 이야기입니다. 물리적으로 여자가 힘이 더 세지만 제도적으로 여자를 눌러서 힘을 박탈하는데 실제로 어머니가 더 큰 작용을 했다는 것이지요. 사실 힘이나 성적인 면, 글에서도 여성의 능력이 월등히 뛰어납니다. 우리나라에서는 결혼해도 여자가 성을 바꾸지 않습니다. 옛날에 호칭으로 쓰는 택호는 여자 친정의 지명을 부르도록 되어 있습니다. 예를 들어 제가 송천에 있는 마을에 있는 색시에게 장가를 들었다고 하면 제 집사람은 송천 댁이고 저는 송천 아저씨가 되는 것이죠. 우리 아이들은 송천 댁의 딸이 되고 아들이 됩니다. 그 정보가 여자 중심이 되어 있는 것이지요. 여자 쪽으로 이어집니다. 앞으로는 남자와 여자가 상생해야 합니다.

상생적 여성주의란 함께 서로 도움이 되고 서로 해방이 되는 것이지요.

공부는 어떻게 해야 합니까?

문제의식이 있어야 합니다. 그리고 그 문제를 해결하려고 하는 의지가 있어야 합니다. 문제의식이라고 하는 것은 학문의 세계에서는 지금까지 알려지지 않은 것을 밝히겠다는 것과 지금까지 잘못 알려진 지식에 대해서 바로잡겠다는 의식입니다.

두 가지 문제의식을 가지고 해결하려는 의지를 갖게 되면 자기도 모르게 노력을 하게 되고 일정한 독창성이 있는 공부를 할 수 있게 됩니다. 무엇보다 현실을 보는 눈과 학문을 통해서 세상을 바꾸겠다는 의지가 있어야 합니다. 또한, 그 공부가 세상에 이바지할 수 있어야 합니다. 세상을 바람직하게 변화시키는 것이 무엇인지를 생각해야 해요. 보다 많은 사람이 보다 자유롭고 풍요로운 삶을 지속 가능하게 하는 문화, 그런 삶을 말입니다. 바로 민속 문화가 그런 것을 추구합니다. 지속 가능성이란 바로 생태학적인 삶, 인간과 자연이 공생하는 삶, 함께 하는 삶을 뜻합니다. 인간 중심주의적으로는 지속 가능하지 못하다는 것이죠. 제가 생태학적인 연구를 하게 된 것도 바로 그러한 목표 때문입니다. 그래서 사회적인 약자인 민중에 관심을 갖게 되고 선하지만 약한 사람들, 열심히 일하지만 가난한 사람들, 힘은 약하지만 좋은 일하려고 노력하는 사람들에 대해 관심을 갖게 된 것입니다. 어떻게 하면 인간 해방을 이룰 수 있을까에 대해 고민하고 있습니다.

어떻게 하면 기존 질서와 규범으로부터 자유로울 수 있는가에 대해서요. 여러 가지 일이 겹쳤을 때 선택하는 기준은 그것이 민중적인가, 민주적인가 다시 말하면 인간 해방에 이바지하는가, 생산적인가, 지속 가능한 자연 친화적 일 즉 생태학적으로 바람직한 일인가 하는 것들입니다. 이것들이 제 삶의 준거이고 가치판단을 내릴 때의 기준입니다. 우리가 국학 운동을 하면서도 인간화 국학, 민족통일 국학, 세계화 국학, 자연 친화적 국학. 이 네 가지 목표를 잡고 국학 운동의 틀을 만들었습니다. 결국, 학문이라고 하는 것은 현실 문제를 효과적으로 해결할 수 있는 대안을 마련하고 거기에 따라 실천할 수 있는 방향을 제시하고 그래서 세계라는 것은 이런 것이라는 자기 철학을 만들어 가는 것입니다. 자기 사유 체계를 만들고 거기에 따라 실천해야 합니다. 무엇보다 해방적 관심을 가져야 합니다. 공부한 성과는 남을 줘야 해요. 남을 주는 과정에서 나한테 더 풍부하게 되고 체계적이 되고 논리적으로 됩니다.

국립안동대 한국학부 민속학과 교수, 2008년 10월

151

장민호 원로 배우

방혜자 재불 화가

김병규 동화 작가, 소년한국일보 편집국장

이수형 청강문화산업대학 학장

김기철 도예가

이어령 교수, 작가, 중앙일보 고문

이성주 드라마 연출가

박항률 화가

윤선주 드라마 작가

프랑소와즈 티에보 주한 프랑스 대사부인

유자효 시인, 방송인

안병욱 교수, 철학자, 강연가

이성열 연극 연출가

오순택 배우 (美 할리우드 진출 1세대)

황병기 가야금의 명인

임재해 국립안동대 한국학부
민속학과 교수

최은형, 김봉태 부부

박광현 영화감독

김홍남 국립중앙박물관장

루이스 페르난도 아발로스 히메네스
주한 파라과이 대사

이연걸 무술인, 영화배우

페페 로메로 클래식 기타리스트

고은별 동화 작가, 인터뷰 전문기자

고은별

서울 출생

덕성여자대학교에서 응용 미술을 전공하고
고려사이버대학교에서 문학사 학위를 받았다.
Harvard Extension School에서
English Romantic Poetry 과정을 수료했고
파리 소르본 대학에서 프랑스어를 공부한 후
ILPGA (Institut de linguistique et
phonétique générales et appliquées)에서
기초음성학 디플롬을 취득했다.

인터뷰 전문기자, 방송 기자,
usa.chosun.com 보스턴 통신원으로 활동했으며
흥사단 여성아카데미 회장,
한국걸스카우트 인천연맹 이사,
창원세계아동문학대회 집행위원,
(사)어린이문화진흥회 사무국장을 역임하고
현재 한국아동문학인협회 회원
국제펜한국본부 번역위원회 위원이다.

저서로 창작 동화집 〈나비야 나비야〉,
인터뷰 모음집 〈만나고 싶은 사람〉,
그림동화책 〈Papillon〉,
〈눈동자에 내려앉은 흰 구름
Nuages blancs posés sur la prunelle〉은
한글과 프랑스어로 출간했다.

고은별의 인터뷰

만나고 싶은 사람

초판 1쇄 발행 2018년 4월 7일
초판 2쇄 발행 2020년 7월 1일

지은이 고은별
표지 Lin Kim
편집 Lin Kim
펴낸곳 재정사 JJ Books
펴낸이 고희선
인쇄 (주) 상지사 피엔비
등록 2013년 8월 13일 (137-91-13144*)
주소 경기도 김포시 감정로 64, 120-902
이메일 jaejeongsa@gmail.com
전화번호 031-989-5538

ISBN 978-89-961244-7-4 03190

이 도서의 국립중앙도서관 출판예정도서목록(CIP)은
서지정보 유통지원 시스템 홈페이지 (http://seoji.nl.go.kr)와
국가자료 공동목록 시스템(http:www.nl.go.kt/kolisnet)에서
이용하실 수 있습니다.

CIP 제어번호 CIP2018010491